Hubertus Heil · Juliane Seifert (Hrsg.)

Soziales Deutschland

Hubertus Heil · Juliane Seifert (Hrsg.)

Soziales Deutschland

Für eine neue
Gerechtigkeitspolitik

VS VERLAG FÜR SOZIALWISSENSCHAFTEN

Bibliografische Information Der Deutschen Bibliothek
Die Deutsche Bibliothek verzeichnet diese Publikation in der Deutschen Nationalbibliografie;
detaillierte bibliografische Daten sind im Internet über <http://dnb.ddb.de> abrufbar.

1. Auflage Dezember 2005

Alle Rechte vorbehalten
© VS Verlag für Sozialwissenschaften/GWV Fachverlage GmbH, Wiesbaden 2005

Lektorat: Frank Schindler

Der VS Verlag für Sozialwissenschaften ist ein Unternehmen von Springer Science+Business Media.
www.vs-verlag.de

Das Werk einschließlich aller seiner Teile ist urheberrechtlich geschützt. Jede Verwertung außerhalb der engen Grenzen des Urheberrechtsgesetzes ist ohne Zustimmung des Verlags unzulässig und strafbar. Das gilt insbesondere für Vervielfältigungen, Übersetzungen, Mikroverfilmungen und die Einspeicherung und Verarbeitung in elektronischen Systemen.

Die Wiedergabe von Gebrauchsnamen, Handelsnamen, Warenbezeichnungen usw. in diesem Werk berechtigt auch ohne besondere Kennzeichnung nicht zu der Annahme, dass solche Namen im Sinne der Warenzeichen- und Markenschutz-Gesetzgebung als frei zu betrachten wären und daher von jedermann benutzt werden dürften.

Umschlaggestaltung: KünkelLopka Medienentwicklung, Heidelberg
Druck und buchbinderische Verarbeitung: MercedesDruck, Berlin
Gedruckt auf säurefreiem und chlorfrei gebleichtem Papier
Printed in Germany

ISBN 3-531-14798-6

Inhaltsverzeichnis

Hubertus Heil / Juliane Seifert
Vorwort   7

I. Befunde zur sozialen Lage in Deutschland

Hartmut Häußermann / Martin Kronauer
1. Armut und Ausgrenzung in Deutschland   11

Gert G. Wagner
2. Die Einkommensverteilung in Deutschland   31

II. Gerechtigkeit heute

Christoph Strünck
3. Ist auch gut, was gerecht ist? Gerechtigkeitspolitik im Vergleich   37

III. Voraussetzung für inklusive Politik

Ralf Stegner
4. „Der handlungsfähige Sozialstaat"   63

Rolf G. Heinze / Josef Hilbert
5. Die Gesundheitswirtschaft als Baustein eines sozialinvestiven Umbaus des Wohlfahrtsstaates   71

IV. Zentrale Felder neuer Gerechtigkeitspolitik

Wolfgang Schroeder
6. Der neue Arbeitsmarkt und der Wandel der Gewerkschaften   85

Jürgen Zöllner
7. Gerechte Bildungschancen 97

Kerstin Griese / Harald Scharpers
8. Perspektiven für Kinder: Auf die Kleinsten kommt es an 103

Karl W Lauterbach / Stephanie Stock
9. Gesundheit für alle 113

Matthias Platzeck
10. Glücklich schrumpfen? Warum gerade die schrumpfende Gesellschaft eine erneuerte Gerechtigkeitspolitik braucht 130

Autorenverzeichnis 139

Vorwort

Hubertus Heil / Juliane Seifert

Der Armuts- und Reichtumsbericht der Bundesregierung bestätigt einen gefährlichen Trend: Die sozialen Unterschiede in Deutschland verschärfen sich weiter. Einer wachsenden Zahl von reichen Bürgern steht eine immer größere Gruppe von Menschen gegenüber, die als arm gelten. So muss inzwischen fast jede siebte Familie mit einem Einkommen unterhalb der Armutsgrenze auskommen; allein 1,1 Millionen Kinder sind auf Sozialhilfe angewiesen. Seit Mitte der achtziger Jahre lässt sich in Westeuropa dieser Prozess beobachten, der mit Begriffen wie „Neue Armut" oder „Soziale Exklusion" umschrieben wird: In seinem Verlauf werden bestimmte soziale Gruppen in immer größere Distanz zum Durchschnitt der Gesellschaft nach unten gedrängt und von der Wechselseitigkeit sozialer Beziehungen und wesentlichen Partizipationsmöglichkeiten ausgeschlossen. Arbeitslosigkeit und Armut haben damit eine neue Qualität angenommen. Beschäftigungslosigkeit verbindet sich mit der Erosion sozialer Netzwerke und führt zu einer Spaltung der Gesellschaft in Zugehörige und Ausgegrenzte. Der Ausschluss vom Arbeitsmarkt bedeutet dabei weit mehr als nur den Verlust von materiellen Ressourcen: er verhindert ebenso institutionelle, soziale wie kulturelle Teilhabe. Soziale Exklusion wirkt somit „multidimensional" (Häußermann). Das Überlappen der verschiedenen Formen von Benachteiligung kann eine fatale Eigendynamik entwickeln. Menschen, die einmal den Anschluss verloren haben, sind schwer wieder in die Gesellschaft integrierbar – Kinder die in solchen Situationen aufwachsen finden unter Umständen niemals Anschluss.

Dem deutschen Sozialstaat ist es als nachsorgendem Wohlfahrtsstaat im vergangenen Jahrzehnt nicht gelungen, den neuen Herausforderungen erfolgreich zu begegnen. Er hat – im Gegenteil – die oben beschriebenen Strukturen noch verfestigt. Auf der Grundlage zuerkannter Rechte für Bedürftige ist eine Kultur der Abhängigkeit entstanden, die die Tendenz der Abschottung verstärkt und verheerende Wirkungen hat. Die Instrumente der traditionellen Sozialpolitik eröffnen den Betroffenen keine Chancen und schaffen kaum Anreize, in die Mitte der (Erwerbs-)Gesellschaft zurückzukehren. Anstatt die Menschen zu fördern, zu integrieren und zu aktivieren, begnügt sich der Staat damit, Missstände zu verwalten. Sozialpolitik muss zukünftig präventiv und gestaltend anstatt statisch und nachgelagert begriffen werden. „Das Elend ist keine Armut im Portemonnaie, sondern die Armut im Geiste. Der Unterschicht fehlt es nicht an

Geld, sondern an Bildung." stellte ein großes Wochenmagazin im Dezember 2004 zu Recht fest. In keinem anderen westlichen Industrieland sind die Bildungschancen eines Kindes so sehr mit seiner sozialen Herkunft verknüpft wie in Deutschland. Eine aktive Politik mit dem Ziel der sozialen Inklusion muss hier ansetzen, um die entstandenen Strukturen zu durchbrechen. Der Soziologe Rolf G. Heinze schlägt an dieser Stelle vor, die sozialpolitischen Schwerpunkte weg von der monetären Umverteilungspolitik hin zu einer sozialinvestiven Dienstleistungspolitik zu verlagern. Soziale Infrastruktur wie der Ausbau von Kinderbetreuung, Bildungs- und Weiterbildungsangebote sowie die Förderung innovativer Milieus sind Instrumente, um Chancengerechtigkeit herzustellen und allen Bürgern gleiche Startbedingungen zu bieten. Nur wenn der Staat seine Bürger fördert und aktiviert, kann es gelingen, den Teufelskreis zu durchbrechen.

Ohne die Eröffnung neuer Beschäftigungsfelder wird aber weder der traditionelle noch ein reformierter Sozialstaat überleben können. Momentan verhindert der Arbeitsmarkt in bestimmten Sektoren einen möglichen Beschäftigungszuwachs, da der Faktor Erwerbsarbeit mit hohen Abgaben und Beiträgen belastet ist. Dies hemmt insbesondere die großen Beschäftigungspotentiale im Bereich der einfachen privaten Dienstleistungen. Neben dem Dritten Sektor gibt es in Deutschland aber auch in Bereichen wie der Energiewirtschaft oder dem Maschinenbau in Kombination mit neuen Schlüsseltechnologien erhebliche Wachstumsreserven. Qualifiziertes Personal wird künftig zudem benötigt, um die Nachfrage nach sozialinvestiven öffentlichen Dienstleistungen etwa in den Bereichen Gesundheit und Bildung zu stillen. Dies wirft sogleich die Frage nach der Finanzierung auf: Da eine Senkung der Lohnnebenkosten als conditio sine qua non nicht in Frage gestellt werden sollte, könnte der Öffentliche Sektor möglicherweise durch einen erhöhten steuerlichen Anteil finanziert werden.

Moderne Politik mit dem Ziel sozialer Inklusion muss darauf abzielen, die Ausgegrenzten durch einen ausgewogenen Mix von Arbeits-, Bildungs-, Familien-, Gesundheits- und Integrationspolitik in die Mitte der Gesellschaft zurückzuholen. Gesellschaftliche Inklusion bedeutet dabei primär die Integration in den Arbeitsmarkt. Dies ist die soziale Schlüsselaufgabe zu Beginn des 21. Jahrhunderts, um soziale Gerechtigkeit zu gewährleisten und ökonomisches, soziales und kulturelles Kapital gerecht zu verteilen. Die Qualität eines reformierten Sozialstaates bemisst sich somit nicht nur an der Quantität des umverteilten Geldes. Seine Qualität erweist sich vielmehr darin, ob es ihm gelingt, die Bürger hinreichend zu qualifizieren und zu aktivieren, um ihnen so gesellschaftliche Teilhabe zu ermöglichen.

Rund um das Thema „Soziale Exklusion" bündelt dieser Sammelband unter dem Titel „Soziales Deutschland – Plädoyer für eine neue Gerechtigkeitspolitik" Beiträge namhafter Sozialwissenschaftler und politischer Praktiker. Dabei soll es sowohl um Bestandsaufnahmen zur sozialen Lage in Deutschland als auch um normative politische Wertvorstellungen, institutionelle Voraussetzungen und Konzeptionen für eine neue Gerechtigkeitspolitik gehen.

Im Verlaufe der Realisierung dieses Buchprojektes ist uns folgendes deutlich geworden:

1. Unsere Gesellschaft muss das Thema „Soziale Exklusion" in aller Deutlichkeit bewusst machen, um eine Strategie gegen „Neue Armut" finden zu können..
2. Sowohl die Zivilgesellschaft, als auch die Wirtschaft haben – auch aus wohlverstandenem eignen Interesse – eine Verantwortung, an dieser Strategie mitzuwirken.
3. Im Mittelpunkt dieser Strategie müssen die Bildungs-, Gesundheits- und die Arbeitmarktpolitik stehen. Wichtig ist aber, dass diese Politikfelder zusammen mit anderen verzahnt werden. Wer eine inklusive Gesellschaft will, darf nicht in Ressortdenken verharren.
4. Ohne einen starken leistungs- und handlungsfähigen Sozialstaat wird eine inklusive Gesellschaft nicht zu realisieren sein. Das heißt, dass die sozialen Sicherungssysteme weiter nach dem Leitbild des aktivierenden Sozialstaates umgestaltet werden müssen. Umbau darf aber nicht die Chiffre für Sozialabbau sein. Das marktradikale Motto „Wenn jeder an sich selbst denkt, ist an alle gedacht" würde die sozialen Unterschiede vertiefen. Aber auch die Realitätsverweigerung konservativer Nostalgiker, die sich „links" nennen, aber anti-aufklärerisch wirken, hätte fatale Folgen. Es geht also weder um „weniger Staat", noch um das festhalten an überkommenen Strukturen, sondern darum den Staat besser zu machen. Das heißt auch, ihn in seinen Aufgaben intelligenter zu finanzieren.
5. Nur wenn es gelingt, eine neue Gerechtigkeitspolitik zu formulieren und mehrheitsfähig zu machen, wird Deutschland eine erfolgreiche soziale Demokratie bleiben.

Unser Dank gilt allen, die mitgeholfen haben, dieses Buchprojekt zu realisieren.

Berlin, Sommer 2005
Hubertus Heil
Juliane Seifert

I. Befunde zur sozialen Lage in Deutschland

1. Armut und Ausgrenzung in Deutschland

Hartmut Häußermann / Martin Kronauer

In den westlichen Industrieländern hat sich mit dem Wandel zur Dienstleistungsgesellschaft ein Strukturwandel der Arbeitsmärkte und der ergeben, der zu einer Vergrößerung der Spreizung in der Einkommensverteilung und zu einem Anwachsen der Armut geführt hat. Negativ betroffen davon sind dauerhaft Arbeitslose und solche Erwerbstätigen, deren Einkommen nur noch für eine Lebensführung weit unterhalb der durchschnittlichen Konsumstandards ausreicht („working poor'). Armut ist ökonomisch-materiell definiert, üblicherweise als Einkommen unterhalb der Grenze von 50% des durchschnittlichen Einkommens. Sie hat jedoch auch soziale und kulturelle Konsequenzen, die zu einer Situation führen können, die als ‚Ausgrenzung' oder ‚Exklusion' bezeichnet wird.

Das Risiko, in die Armut zu geraten, trifft vor allem Individuen oder Haushalte, die die Merkmale niedriger Bildungsstand und fehlende berufliche Qualifikation aufweisen und allein leben bzw. alleinerziehend sind. Die Gefahr der Ausgrenzung wird zusätzlich davon bestimmt, in welchen räumlichen Zusammenhängen die Menschen bzw. Haushalte leben, die in Armut geraten sind. Die Nachbarschaft, das Quartier stellt einen sozialen Raum dar, der Ressourcen bereitstellt – oder diese auch vorenthält, wenn er unterausgestattet ist. Für soziale Gruppen, die über wenig eigene Ressourcen in Form von materiellem, sozialem oder kulturellem Kapital verfügen, hat die nähere räumliche Umgebung eine größere Bedeutung als für andere Gruppen, weil sie diesen lokalen Nahraum seltener verlassen und sich auch ihre sozialen Beziehungen dort konzentrieren. Dadurch wird das Quartier, der Raum zum Sozialraum. Der Sozialraum hat Einfluss auf die Einbindung in soziale Netzwerke und auf die Verfügung über Ressourcen, die nicht direkt vom Einkommen abhängig sind – er kann also Armut verstärken bis zur Ausgrenzung. Er kann aber auch informelle Hilfen bieten, einen respektvollen Umgang sichern und für soziale Einbettung sorgen – die Folgen von Armut also mildern.

Sozialräume werden durch die quartierlichen sozialen Strukturen und die Alltagspraxis ihrer Bewohner geprägt. Die soziale Zusammensetzung einer Bewohnerschaft, die vorherrschenden sozialen Lagen und die Verhaltensweisen der Bewohner formen Milieus, die ihrerseits Rückwirkungen auf die Orientierungen, die Verhaltensmöglichkeiten und Lebenschancen der Bewohner haben. Daher ist die soziale Zusammensetzung der Quartiersbevölkerung von Bedeutung. Die starke Konzentration von ökonomisch, sozial und kulturell marginalisierten Gruppen in manchen Quartieren kann daher selbst zu einem Faktor von Benachteiligung werden, man könnte auch sagen: aus benachteiligten Quartieren können benachteiligende Quartiere werden.

Tiefgreifende Veränderungen am Arbeitsmarkt und in der Beschäftigung, in den sozialen Beziehungen und den Rahmenbedingungen wohlfahrtsstaatlicher Regulierung bedrohen eine wachsende Zahl von Menschen in Deutschland damit, am gesellschaftlichen Leben nicht mehr angemessen teilhaben zu können. Die deutlichsten Anzeichen dafür sind eine in den letzten beiden Jahrzehnten drastisch, wenngleich in zyklischen Schwankungen angestiegene Arbeitslosigkeit und eine zunehmende Armut. Beide Phänomene betreffen, bei einer Arbeitslosigkeit von rund fünf Millionen, bei weitem nicht mehr nur den gesellschaftlichen „Rand". Auch unter Beschäftigten, die noch nicht selbst arbeitslos geworden sind, breiten sich Unsicherheiten und Abstiegsängste aus. Das gilt mittlerweile selbst für den öffentlichen Dienst und die Kernbereiche profitabler Industrieunternehmen.

Deutschland steht mit diesen Problemen nicht allein, wenngleich sie hier in Verbindung mit der jüngsten Geschichte der deutschen Vereinigung besondere Formen annehmen. Seit dem Ende der neunzehnhundertachtziger Jahre wird in der Europäischen Union die neue soziale Frage unter dem Begriff der „Exklusion", der sozialen Ausgrenzung diskutiert. Er markiert eine historische Zäsur gegenüber der Phase relativer Vollbeschäftigung, zurückgehender Einkommensungleichheit und zunehmender Einbindung der arbeitenden Bevölkerungen in sozialstaatliche Rechte und Leistungen in den Jahrzehnten nach dem Zweiten Weltkrieg. In dieser Zäsur steht mit der Integrationsfähigkeit auch die demokratische Zukunft der Gesellschaften auf dem Spiel.

Im Folgenden werden wir zunächst umreißen, was mit Ausgrenzung und ihren verschiedenen Dimensionen gemeint ist. Anschließend fassen wir einige empirische Befunde zur Armut in Deutschland unter dem Gesichtspunkt des Ausgrenzungsproblems zusammen. Im dritten Teil gehen wir auf die Entwicklung in Großstädten ein. Denn hier wirken die Kräfte der Veränderung, die zunehmende soziale Ungleichheiten und Ausgrenzungsrisiken erzeugen, in verdichteter Form und damit besonders stark. Hier nimmt das Ausgrenzungsproblem aber auch sozial-räumliche Gestalt an durch die Konzentration in bestimmten Quartieren. Auf diese Weise spitzt es sich weiter zu.

1 Ausgrenzung und ihre Dimensionen

Gesellschaftliche Zugehörigkeit und Teilhabe wurden im ersten Vierteljahrhundert nach dem Zweiten Weltkrieg in Deutschland und anderen hoch entwickelten Industriegesellschaften Westeuropas (und in einem gewissen Umfang auch in den USA) im Wesentlichen auf zwei Wegen gefördert: durch ein starkes wirtschaftliches Wachstum, das sich in Beschäftigungswachstum übersetzte, und die Ausweitung und finanzielle Absicherung wohlfahrtsstaatlicher Leistungen und Schutzrechte. Die Voraussetzungen für dieses Integrations- und Wachstumsmodell waren der Wiederaufbau und die Erneuerung von Infrastruktur, Wohnungen und Produktionsstätten nach dem Krieg; die Einbeziehung der ländlichen Bevölkerung (und ihrer vormals noch zum Teil auf Eigenversorgung ausgerichteten Tätigkeiten) in den inneren Markt der Konsumenten und Produzenten (vgl. Lutz 1989, S. 194); ein hohes Maß von staatlichem Einfluss auf Investitionsbedingungen und Beschäftigungshöhe durch fiskal- und wirtschaftspolitische Maßnahmen im Rahmen nationaler Grenzen; die Anerkennung einer kollektiven Verantwortung der Gesellschaft für die Befriedigung grundlegender Bedürfnisse und die Sicherstellung vergleichbarer Lebenschancen ihrer einzelnen Mitglieder vor dem Hintergrund der Erfahrungen mit Weltwirtschaftskrise, zwei Weltkriegen und Faschismus, aber auch in der Konfrontation des „Kalten Kriegs".

Sozialökonomische Ungleichheit wurde dadurch nicht aufgehoben. Gerade in Deutschland reproduzieren die sozialen Sicherungssysteme durch ihre Beitragsabhängigkeit Ungleichheiten der sozialen Lage, wie sie durch das Erwerbssystem vorgegeben sind. Aber Armut und Einkommensungleichheit gingen bis in die Mitte der siebziger Jahre zurück, der „Fahrstuhl" von Einkommen und Lebensstandard bewegte sich für (fast) alle nach oben. Arbeitslosigkeit verschwand bis auf eine kleine Restgröße, die auf kurzfristige Such- und Übergangsphasen zurückzuführen war.

Zugleich wurden soziale Bürgerrechte in einem bis dahin unbekannten Maß finanziell abgesichert und in ihrer Reichweite ausgedehnt. Auch diese Entwicklung hatte ihre Kehrseite. Bürgerrechte sind an Mitgliedschaft gebunden und schließen Nicht-Bürger aus oder allenfalls partiell ein. Das galt und gilt bis heute für Migranten. Arbeitsmigranten wurden als Beitragszahlende „Gastarbeiter" in die sozialen Sicherungssysteme einbezogen, blieben aber von politischen Rechten ausgeschlossen. Auch die innerbetriebliche Demokratie und die Möglichkeiten zur direkten politischen Einflussnahme blieben nach wie vor stark eingeschränkt.

Gleichwohl bestätigte sich zunächst die Erwartung des englischen Soziologen und Wohlfahrtsstaatstheoretikers Thomas H. Marshall, geäußert vier Jahre nach Ende des Zweiten Weltkriegs, dass das 20. Jahrhundert zu einem Jahrhundert der Ausbreitung und Durchsetzung sozialer Rechte werde (so wie das 18. Jahrhundert die persönlichen und das 19. Jahrhundert die politischen Rechte auf die Tagesordnung gesetzt habe). Soziale Rechte sollen ihm zufolge zweierlei leisten. Zum einen sollen sie allen Mitgliedern der Gesellschaft gleichen, nicht-diskriminierenden Zugang zu den zentralen gesellschaftlichen Institutionen der Vermittlung von Lebenschancen verschaffen, vor allem zu denen der Bildung, des Gesundheitswesens und der sozialen Sicherung. Sie sollen also eine Statusgleichheit der Individuen gegenüber diesen Institutionen herstellen, ungeachtet aller sonstigen ökonomischen und Herkunftsunterschiede zwischen den Bürgern. Auch im auf sozialer Ungleichheit aufbauenden Sozialversicherungssystem gilt, trotz der unterschiedlichen Beiträge und Leistungen, dass jeder Einzahler von seinem Status her gleichermaßen Anspruchsberechtigter (und nicht Bittsteller) ist.[1] Zum anderen und zugleich sollen soziale Rechte für alle ein Minimum an gemeinsamen Lebenschancen und kulturell, dem erreichten Wohlstandsniveau angemessenen Lebensstandard (einschließlich der Wohnbedingungen) gewährleisten. Also nicht nur der Zugang zu institutionellen Leistungen, sondern auch die Qualität der Leistungen sind Gegenstand sozialer Rechte (vgl. Marshall 1992, S. 40, 73).

Der Gedanke, dass die Wahrnehmung persönlicher und politischer Rechte nur dadurch sichergestellt werden kann, dass soziale und materielle Absicherungen hinzukommen, und dass Individuen vor völliger Marktabhängigkeit geschützt sein müssen, ist in vielen Ländern des „westlichen" Europa nach dem Zweiten Weltkrieg zu einem Grundbestandteil des Demokratieverständnisses geworden. Er bildet den Kernbestand aller wohlfahrtsstaatlichen Programmatik, auch wenn seine institutionelle Umsetzung und das Ausmaß der Befreiung von Marktzwängen in den einzelnen Ländern beträchtlich variieren.[2]

Die hier umrissene Entwicklung weist vor allem zwei Schwachstellen auf. Zum einen gerieten Individuen und Haushalte in eine zunehmende und unwiderrufliche Abhängigkeit von Markt und Staat. Alternative Unterstützungs- und Einbindungsformen wie die über familiäre und verwandtschaftliche Beziehungen verloren mit dem Ende der Subsistenzwirtschaft weitgehend ihre ökonomische Eigenständigkeit. In ihren materiellen Leistungen hängen sie ihrerseits von markt- und staatsvermittelten Einkommen ab. Nach wie vor spielt familiäre Unterstützung, vor allem in der Generationenfolge, eine wichtige Rolle. Aber gera-

---

[1] Auf diese Aufwertung des sozialen Status der Lohnarbeit durch die gesetzliche Sozialversicherung und die sozialintegrative Funktion, die sie damit übernimmt, hebt Castel in seiner Untersuchung der „Metamorphosen der sozialen Frage" am Beispiel Frankreichs ab (vgl. Castel 2000, S. 278 f.).
[2] „Die Programmatik des Wohlfahrtsstaats postuliert, dass Inklusion nur auf politisch-staatlichem (und nicht z.B. auf rein marktwirtschaftlichem) Wege zustande kommen kann, da es um die Gewärleistung subjektiver Rechte geht" (Kaufmann 2003, S. 42).

de in den unteren Einkommensgruppen sind in Krisenzeiten die finanziellen Ressourcen rasch erschöpft.

Noch gravierender aber ist die zweite Schwachstelle. Die Finanzierung umfassender wohlfahrtsstaatlicher Leistungen hängt von einer hohen Erwerbsbeteiligung ab (oder aber, bei niedriger Erwerbsbeteiligung, von hohen Wachstumsraten und einer starken Bereitschaft zur Umverteilung zwischen Erwerbstätigen und Nicht-Erwerbstätigen). Marshall sprach deshalb in seinen Vorlesungen von einer „Pflicht zur Erwerbsarbeit". Er erwähnte allerdings nicht, dass einer solchen Pflicht kein Recht auf Erwerbsarbeit gegenübersteht – und in kapitalistischen Marktwirtschaften auch nicht gegenüberstehen kann. Denn ein Recht auf Arbeit würde im Kern in das Eigentumsrecht der Kapitalbesitzer, ihre Entscheidungsgewalt über Einstellungen und Entlassungen eingreifen und somit das grundlegende Machtgefälle in diesen Gesellschaften in Frage stellen. Allenfalls mit indirekten, fiskalischen und wirtschaftspolitischen Mitteln können Regierungen versuchen, die Beschäftigung anzuheben. Die Verbindung von sozialen Rechten und kapitalistischer Marktwirtschaft ist schon deshalb immer prekär. Prekär bleiben damit aber immer auch sozial-ökonomische Zugehörigkeit und Teilhabe.

Bis in die siebziger Jahre hinein konnte Vollbeschäftigungspolitik den latenten Konflikt überdecken. Weitreichende Umbrüche in der Erwerbsarbeit und am Arbeitsmarkt, Veränderungen in den sozialen Beziehungen und die Schwächung der Regelungs- und Ausgleichskapazitäten von Sozialstaaten werfen seitdem erneut und in besonderer Weise das Problem der ökonomischen und sozialen Ausgrenzung auf:

- Der Rückgang der industriellen und der Anstieg der Dienstleistungsbeschäftigung, verbunden mit einer größeren Spreizung der Einkommen; die Verdrängung arbeitsintensiver und technologisch ausgereifter Industrien durch internationale Konkurrenz und der Einsatz neuer Technologien und neuer Formen der „flexiblen" Arbeitsorganisation in den verbleibenden Schlüsselindustrien, beides verbunden mit einer drastischen Entwertung un- und angelernter Industriearbeit; die Deregulierung der Finanzmärkte und die zunehmende Bedeutung der Anlegerinteressen für die Unternehmenspolitik, häufig verbunden mit einer Reduzierung von Belegschaften und der Verletzung von Interessen anderer „stakeholder" – dies sind Marksteine für Veränderungen in der Erwerbsarbeit mit weitreichenden Folgen. Sie wurden mit einer Rückkehr der Arbeitslosigkeit auf hohem Niveau bezahlt sowie mit einer beträchtlichen Unsicherheit in den Erwerbs- und Beschäftigungsaussichten für eine wachsende Zahl von Menschen in Erwerbsarbeit.

- Wachsender Wohlstand und Bildungsexpansion nach dem Krieg, gegründet auf Vollbeschäftigung und sozialstaatliche Leistungen, haben die Spielräume für individuelle Lebens- und Karriereentwürfe erweitert, aber auch die Zwänge zur eigenständigen Gestaltung der Biografien verstärkt und den Einfluß von Konventionen und milieugestützten Sozialbindungen abgeschwächt. Die Reste einer eigenständigen Arbeiterkultur in den Städten mit Organisationen gegenseitiger Hilfe, aber auch sozialer Kontrolle auf Nachbarschaftsbasis haben sich aufgelöst. Eigenarbeit und Subsistenzwirtschaft im Familienverbund haben im Zuge der durchgesetzten Urbanisierung ihre Kraft als Gegengewichte gegen ökonomische Notlagen verloren. Wer am Markt scheitert, ist schnell auf staatliche Hilfe angewiesen. Er oder sie hat aber auch kaum noch die Möglichkeit, dies als kollektives Schicksal zu deuten und wird dahin gedrängt, es dem eigenen Versagen zurechnen.
- Der soziale Kompromiss zwischen Kapiteleignern und abhängig Beschäftigten, der die wohlfahrtsstaatliche Entwicklung nach dem Zweiten Weltkrieg getragen hat, erodiert. Die Globalisierung der Finanzmärkte, selbst ein Ergebnis politischer Entscheidungen, erweiterte die internationalen Anlagemöglichkeiten für Kapital und erschwerte den fiskalischen Zugriff in nationalen Grenzen. Vollbeschäftigungspolitik mit Hilfe staatlicher Steuerung ist damit schwieriger geworden, ebenso durch Haushaltsvorgaben der Europäischen Union. Steuerbegünstigungen, um Anleger zu halten oder zu gewinnen, und Steuerflucht schränken die öffentlichen Haushalte ein. Der in Deutschland diskutierte und bereits praktizierte „Umbau" des Sozialstaats geht mittlerweile an dessen Fundament. Die Gewichte verschieben sich vom Schutz vor Marktabhängigkeit zur Mindestsicherung, verbunden mit Eigenvorsorge am Markt. Soziale Rechte werden noch enger an individuelle Pflichten gebunden und damit relativiert, vor allem an eine Verpflichtung zur Erwerbsarbeit um fast jeden Preis.

Damit stehen aber für eine zunehmende Zahl von Menschen gesellschaftliche Zugehörigkeit und Teilhabe in wesentlichen Dimensionen in Frage:

- Die Einbindung durch Erwerbsarbeit in die gesellschaftlich anerkannte Arbeitsteilung, damit in die wechselseitigen (in der Regel allerdings durch Machtungleichgewichte gekennzeichneten) Abhängigkeiten formalisierter Kooperationsbeziehungen. Sie vermittelt nicht nur Einkommen, sondern auch soziale Identität und in einer grundlegenden Weise die Erfahrung, gesellschaftlich gebraucht zu werden. Wechselseitige Abhängigkeiten in Erwerbsarbeitsverhältnissen ermöglichen Anerkennung, aber auch Widerstand gegen Bevormundung und Ausbeutung. Ausgrenzung in dieser Dimension bedeutet Marginalisierung am Arbeitsmarkt und in der Beschäftigung, bis hin zum völligen Ausschluss von Erwerbsarbeit, ohne in eine andere, gesellschaftlich anerkannte Position ausweichen zu können.[3] Ausgegrenzt sein heißt dann, in der Gesellschaft keinen Ort zu haben, überzählig zu sein. An die Stelle der wechselseitigen Abhängigkeiten in der Gesellschaft tritt die einseitige Abhängigkeit von der Gesellschaft. „Die ‚Überzähligen' sind nicht einmal ausgebeutet" (Castel 2000, S. 19).

- Die Einbindung in unterstützende soziale Netze, in die informelle Reziprozität persönlicher Nahbeziehungen. Ausgrenzung meint hier soziale Isolation – eine Beschränkung der sozialen Beziehungen auf Menschen in gleicher, benachteiligter Lage (und damit eine weitere Beschränkung von Ressourcen und Möglichkeiten, die Lage zu verändern) oder aber, im Extremfall, die Vereinzelung.
- Teilhabe am Lebensstandard und an Lebenschancen, wie sie in einer gegebenen Gesellschaft als kulturell angemessen gelten, vermittelt über Bildungseinrichtungen, Gesundheitsversorgung, rechtliche (auch tarifliche) Regelungen der Arbeitsverhältnisse, Institutionen der betrieblichen und politischen Interessenvertretung; ein Anrecht auf ein Mindestmaß an materieller Sicherheit und Unterstützung auch in kritischen Lebensphasen, ohne entwürdigenden Verfahren unterworfen zu werden. Ausgrenzung in dieser Dimension kann durch die Verweigerung von Bürgerrechten und den Ausschluss von Institutionen entstehen, aber auch durch diskriminierende Behandlung in Institutionen, ungenügende Schutzrechte und Leistungen, die es nicht erlauben, entsprechend allgemein anerkannter (und damit zugleich auch erwarteter) Standards zu leben.[4] Ausgrenzung manifestiert sich dann in der Unfähigkeit, mit anderen „mitzuhalten", und der Erfahrung von Macht- und Chancenlosigkeit.[5]

Es gehört mittlerweile zu den Selbstverständlichkeiten in den Diskussionen um „Exklusion" und „Ausgrenzung", zu betonen, dass es sich dabei um „multidimensionale" Prozesse handelt. In der Tat bestehen zwischen Erwerbsstatus, sozialen Beziehungsnetzen und sozial(rechtlich)er Absicherung, einschließlich Höhe des Einkommens, enge, empirisch nachzuweisende Zusammenhänge (vgl.

---

[3] Zu solchen anerkannten Positionen gehören etwa der Status des Lehrlings, Studenten, Rentners oder der kindererziehenden Hausfrau. Aber selbst sie sind zumindest indirekt in eine auf Erwerbsarbeit zentrierte gesellschaftliche Arbeitsteilung eingebunden. Dagegen fällt der anhaltend Arbeitslose aus ihr heraus.
[4] Wie solche Standards zur Bemessung von Ausgrenzung anhand von Indikatoren für „relative Deprivation" empirisch ermittelt werden können, zeigt Andreß (1999).
[5] Für eine ausführliche Darstellung der Dimensionen und ihrer internen Differenzierung sowie von Erfahrungen mit Ausgrenzungsbedrohung und Ausgrenzung vgl. Kronauer 2002, S. 151 ff.

Kronauer 2002, S. 151ff). Anhaltende Arbeitslosigkeit beispielsweise erhöht deutlich die Risiken der Verarmung und der sozialen Isolation. Was heißt das aber umgekehrt für eine Politik der „Inklusion"? Es hilft, sich dabei zu verdeutlichen, dass die hier angesprochenen Dimensionen von Zugehörigkeit und Teilhabe zwar miteinander in Beziehung stehen, aber auf jeweils eigenständige Weise wirken und deshalb einander auch nicht ersetzen können.

Erwerbsarbeit bindet Menschen in grundlegender und objektivierter Weise in die Wechselseitigkeiten sozialer Beziehungen ein – aber sie sichert nicht für alle Beschäftigten einen gesellschaftlich angemessenen Lebensstandard, und schon gar nicht für diejenigen, die nicht in dieser Form arbeiten oder arbeitslos sind. Soziale Rechte wiederum sichern im besten Fall Qualitäten der gesellschaftlichen Teilhabe in jenen Wechselseitigkeiten ab – Lebensstandard, Status, Lebensperspektiven und –chancen – und ermöglichen überdies unter bestimmten Voraussetzungen Teilhabe auch für Menschen, die nicht erwerbstätig sind. Aber sie können unter marktwirtschaftlichen Bedingungen keine Erwerbsarbeit garantieren. Schon gar nicht können sie für familiäre und freundschaftliche Beziehungen sorgen, für unterstützende persönliche Nahbeziehungen, die dritte Dimension also. Allerdings bestehen wiederum deutliche Zusammenhänge zwischen der Reichweite und Zusammensetzung sozialer Netze auf der einen Seite und dem Erwerbsstatus auf der anderen (vgl. Diewald 2003; Kronauer 2002, S. 168ff.). Die verschiedenen Integrationsinstanzen vermitteln also gesellschaftliche Einbindung und Teilhabe auf unterschiedliche Weisen und nach unterschiedlichen Zuteilungslogiken (so wird Erwerbsarbeit über Märkte zugeteilt, kann also bei jeder Betriebsschließung verloren gehen, soziale Rechte sind dagegen im Prinzip an den Bürgerstatus gebunden und können nur mit diesem verwirkt werden). Sie leisten jeweils eigenständige Beiträge zur Integration und sind zugleich aufeinander angewiesen. Für die Auseinandersetzung mit sozialer Ausgrenzung hat dies weitreichende Folgen. Keine der Integrationsweisen für sich allein gewährleistet Zugehörigkeit und Teilhabe, jede kommt mit ihrer eigenen Qualität ins Spiel. Eingliederung in eine Erwerbsarbeit, die nicht aus der Armut heraushilft und/oder unter unwürdigen Bedingungen erbracht werden muss, bedeutet ebenso wenig gesellschaftliche Teilhabe wie ein anhaltender Ausschluss von Erwerbsarbeit mit entwürdigender Abhängigkeit von der Fürsorge.

2   Armutsentwicklung in Deutschland

Armut ist ein wichtiger Indikator von Ausgrenzungsbedrohung, weil sie mit Benachteiligungen in anderen Dimensionen – Arbeitsmarkt und soziale Beziehungen – in enger Verbindung steht. So weist der Zweite Armuts- und Reichtumsbericht der Bundesregierung wiederholt darauf hin, dass sich Armutsrisiken heute wieder in besonderem und wachsendem Maße an Zugangsproblemen zur Erwerbsarbeit festmachen (Deutscher Bundestag 2005, S. 12, 49, 68). Arme (und insbesondere arbeitslose Arme) sind wiederum stärker als Nicht-Arme von einer Einschränkung sozialer Kontakte und von Einsamkeitserfahrungen betroffen (Kern 2002, S. 258ff.).

Einkommensungleichheit und Armut haben in Deutschland während der letzten zwei Jahrzehnte deutlich zugenommen. Nach einem Bericht des Deutschen Instituts für Wirtschaftsforschung (DIW) lag die Armutsrisikoquote (gemessen am Maßstab von 60 Prozent des Medians der Nettoäquivalenzeinkommen) im Jahr 2003 bei 15, 3 Prozent[6], gegenüber 13,2 Prozent im Jahr 1985. Bei den strengeren Armutsmaßen (40 bzw. 50 Prozent des Medians) lagen die Zuwächse der Armutsbevölkerung noch relativ höher. Im gleichen Zeitraum stieg auch der Anteil der Wohlhabenden an, bei den Beziehern von 150 Prozent des Medianeinkommens und mehr von 16 auf 20 Prozent (Frick et al. 2005, S. 63). Verantwortlich für die wachsende Ungleichheit ist die zunehmende Ungleichheit der Markteinkommen. Sozialstaatliche Transferzahlungen tragen erheblich zu ihrer Reduzierung bei, können sie aber dem Bericht zufolge auf Dauer nicht kompensieren (ebd., S. 67).

Auch der DIW Bericht verweist, in einem Überblick über die Periode von 1985 bis 2003, auf die enge Abhängigkeit der Ungleichheits- und Armutsentwicklung von der der Arbeitslosigkeit und des wirtschaftlichen Wachstums (ebd., S. 66). Im europäischen Vergleich betrachtet sind Arbeitslose in Deutschland in besonderem Maße zusätzlich von Verarmung und sozialer Isolation zugleich bedroht (Gallie/Paugam 2000, S. 370).

Verarmungsrisiken sind in Deutschland ungleich verteilt. Besonders betroffen sind Arbeitslose, Migranten, Alleinerziehende und kinderreiche Familien. Geringe Qualifikation kommt gewissermaßen als ein benachteiligendes „Querschnittsmerkmal", das in jedem Fall die Gefahr der Verarmung erhöht, hinzu. Bei den Haushalten, die überdurchschnittlich oft mit Armut zu kämpfen haben, spielt direkt wie indirekt die Arbeitsmarktposition hinein. Migranten arbeiten häufig in Arbeitsmarkt- und Beschäftigungssegmenten, die besonders stark von Arbeitslosigkeit betroffen sind und/oder zum Niedrigeinkommensbereich gehören. Alleinerziehende, fast ausschließlich Frauen, haben es unter den institutionellen Voraussetzungen Deutschlands besonders schwer, neben der Sorge für die Kinder erwerbstätig zu sein und dabei ein ausreichendes Einkommen zu verdienen. Kinderreiche Familien, die für ihren Lebensunterhalt überwiegend von einer

---

[6] Auf einer etwas anderen Berechnungsgrundlage gibt der Zweite Armuts- und Reichtumsbericht der Bundesregierung für dasselbe Jahr eine Armutsrisikoquote von 13,5 Prozent (1998: 12,1 Prozent) an (Deutscher Bundestag 2005, S. 45).

Erwerbsperson abhängen, finden sich vor allem in der Arbeiterschaft. Dort sind aber auch die Arbeitsmarktrisiken am größten.

Regelmäßig unterschätzt wird in der deutschen Diskussion das Problem der Armut trotz Erwerbstätigkeit. Für die neunziger Jahre stellte Andreß fest, dass in der überwiegenden Mehrheit der einkommensschwachen Haushalte in Deutschland mindestens eine Person erwerbstätig war. Mehr als ein Drittel der Haushalte lebte ausschließlich von Erwerbseinkommen. Die Arbeitsverhältnisse, die kein ausreichendes Einkommen verschafften, waren zudem mit besonders hohen Risiken in weiteren Hinsichten verbunden. Die Altersversorgung war weit häufiger unzureichend, die Arbeit gesundheitsgefährdend, die Arbeitsplatzsicherheit durch Rationalisierung bedroht (Andreß 1999, S. 281, 325, 327). In diesem Zusammenhang sind die Hinweise auf ein starkes Anwachsen des Niedriglohnbereichs in Deutschland bemerkenswert, der eine besondere Rolle bei der zunehmenden Lohndifferenzierung zu spielen scheint (Schäfer 2003; Schupp/Birkner 2004).

Ob und wie weitgehend Arbeitslosigkeit und Armut von Teilhabemöglichkeiten am gesellschaftlichen Leben ausschließen, hängt wesentlich davon ab, wie lange sie andauern und wohin die Abgänge aus Arbeitslosigkeit und Armut jeweils führen – in sozial anerkannte und abgesicherte Positionen innerhalb des Erwerbslebens oder des „Ruhestands", oder in gesellschaftliche Zonen des lediglich „prekären Wohlstands" (Hübinger) und der weiteren „sozialen Verwundbarkeit" (Castel), in denen immer wieder erneute Armutsphasen drohen und die Einbindung in Erwerbsarbeit brüchig bleibt. Mit diesen Fragen setzen sich sozialwissenschaftliche Längsschnittuntersuchungen von Arbeitslosigkeits- und Armutsverläufen auseinander. Sie haben in den neunziger Jahren heftige Diskussionen über die These der „Individualisierung" und „Dynamisierung" von Arbeitslosigkeit und Armut provoziert. Dieser These zufolge, die vor allem von Bremer Sozialwissenschaftlern stark gemacht wurde (siehe Leibfried et al. 1995), bleiben Arbeitslosigkeit und Armut in den meisten Fällen auf biografische, allenfalls gelegentlich wiederkehrende Episoden beschränkt, die sich im Leben der Individuen jedoch nicht nachhaltig verfestigen. Gleichzeitig habe eine „Entstrukturierung" stattgefunden. Sozialstrukturelle Merkmale verlören als Auslöser von Arbeitslosigkeit und Armut an Bedeutung, tendenziell könne von beiden jeder und jede betroffen werden.

Mittlerweile haben sich die Fronten in der Auseinandersetzung nicht zuletzt aufgrund neuer methodischer Vorgehensweisen und mit ihrer Hilfe gewonnener empirischer Befunde entspannt (vgl. Kronauer 2000). Was in der Arbeitslosigkeitsforschung schon lange bekannt war, wird nun auch immer wieder in der Armutsforschung bestätigt: Eine hohe Fluktuation in den Arbeitslosigkeits- und Armutspopulationen schließt gleichzeitige Verfestigung von Arbeitslosigkeit und

Armut bei relevanten Untergruppen von Betroffenen keineswegs aus. Beide Erscheinungen koexistieren vielmehr. So stellt auch der Zweite Armuts- und Reichtumsbericht der Bundesregierung auf der Grundlage der Daten des sogenannten Niedrigeinkommenpanels fest, „dass nach einem Zeitraum von 2,5 Jahren nur 43,7 Prozent der Sozialhilfehaushalte dauerhaft im Hilfebezug verblieben sind. Weiteren 6,8 Prozent ist ein Ausstieg vorübergehend gelungen, und etwa der Hälfte dieser Haushalte (49,5 Prozent) ist ein vollständiger Ausstieg aus der Sozialhilfe gelungen" (Deutscher Bundestag 2005, S. 72). Ob für einen Anteil der längerfristig und wiederkehrend von Sozialhilfe Lebenden von 50 Prozent die Qualifizerung „nur" angemessen ist, sei dahingestellt. Bereits die Studie von Andreß (1999) auf der Datengrundlage des Sozio-ökonomischen Panels kam zu dem Ergebnis, dass sich einmalige, relativ kurzfristige Bezugsperioden auf der einen Seite und über mehrere Jahre anhaltender Sozialhilfebezug auf der anderen quantitativ etwa die Waage halten, dagegen wiederkehrende Wechsel zwischen Sozialhilfebezug und Ausstieg relativ selten sind. Auch die These der „Entstrukturierung" bestätigte sich nicht. Wie der Armuts- und Reichtumsbericht ausführt, verlängern fehlender Schulabschluss und fehlende Berufsausbildung die Dauer des Sozialhilfebezugs, ebenso ein Alter über 50 Jahre (Deutscher Bundestag 2005, S. 72). Da der Ausstieg aus Sozialhilfe in den meisten Fällen (60 Prozent) über die Aufnahme von Erwerbsarbeit oder den Wechsel einer Arbeitsstelle erreicht wird, macht sich in dem zuletzt genannten Merkmal die am deutschen Arbeitsmarkt im Vergleich zu anderen Ländern besonders starke Altersdiskriminierung bemerkbar.

Wenn Sozialhilfebezug sich verfestigt und andauert – ist das ein Hinweis auf die Existenz einer „Armutsfalle", das heißt eines bewussten Kalküls, das darauf hinausläuft, ein Leben „auf Stütze" der Erwerbsarbeit vorzuziehen? Gebauer et al. haben diese These von verschiedenen Seiten her überprüft und auf überzeugende Weise widerlegt. Sie konnten unter anderem zeigen, dass Sozialhilfeempfänger auch dann Arbeit annahmen, wenn diese ihnen nicht über die Anspruchsgrenze auf Sozialhilfe hinweg half (Gebauer et al. 2002, S. 202, 204). Andreß entkräftete in seiner Studie die Mär von den arbeitsscheuen Armen ebenfalls. „Die in der öffentlichen Debatte häufig vorgetragene Vermutung, dass sich Arbeitssuche und Erwerbstätigkeit im unteren Einkommensbereich wegen angeblich generöser Sozialleistungen nicht mehr ;lohnen'", bestätigte sich empirisch nicht. (Andreß 1999, S. 325). Beide Untersuchungen bekräftigen, was auch der europäische Vergleich zwischen Ländern mit unterschiedlichen Leistungsniveaus der Arbeitslosenunterstützung erbracht hat. Die Arbeitsbereitschaft der Arbeitslosen variierte nicht mit der Höhe der Leistungen (Gallie/Paugam 2000, S. 357).

3   Ausgrenzung in der Großstadt

Ausgrenzungsrisiken sind ungleich verteilt. Sie betreffen Arbeiter stärker als Angestellte, gering Qualifizierte stärker als höher Qualifizierte. Migranten sind stärker durch die Einschränkung von Rechten bedroht, Einheimische stärker durch den Verlust sozialer Einbettung. Ausgrenzungen verlaufen in Abstufungen sozialer Gefährdung, können aufgehalten, unterbrochen oder auch revidiert werden. Es handelt sich um einen Prozess, der allerdings an einen Punkt kommen kann, an dem die Betroffenen ihre Lage als nicht mehr veränderbar ansehen, sich auf sie einstellen und sie damit auch noch in ihrem eigenen Handeln reproduzieren. Dies ist insbesondere dann der Fall, wenn Arme räumlich konzentriert leben und ein Sozialraum entsteht, der entsprechende Wirkungen entfaltet. Das wollen wir im Folgenden kurz erläutern.

Der Sozialraum, dem von Ausgrenzung Bedrohte angehören, hat auf vielfältige Weise Einfluss auf diesen Prozess. Haushalte, die zu den ‚Risikogruppen' gehören, haben die geringsten Wahlmöglichkeiten auf dem Wohnungsmarkt, weil sie über nur geringe materielle, soziale und kulturelle Ressourcen verfügen, die für den Zugang zu den verschiedenen Segmenten des Wohnungsangebots entscheidend sind. Sie werden über Marktmechanismen, Informationsflüsse und Zuweisungen des Wohnungsamtes in solche Quartiere gelenkt, in denen bereits Haushalte in ähnlicher sozialer Lage konzentriert sind. Dadurch entstehen ‚marginalisierte Quartiere' oder Armutsviertel – Sozialräume also, die durch ein bestimmtes Milieu gekennzeichnet sind, das durchaus ambivalente Wirkungen hat.

Wie bereits in der Diskussion über die ‚Sanierungsgebiete' in den 60er und 70er Jahren des 20. Jahrhunderts deutlich wurde (vgl. Häußermann/Holm/Zunzer 2002), kann dasselbe Milieu allerdings höchst unterschiedlich bewertet werden. Während die politische Definition von ‚einseitigen' Sozialstrukturen den heruntergekommenen Altbauquartieren und ihren Bewohnern pauschal einen Modernisierungsbedarf attestierte und die Legitimation für eine durchgreifende bauliche Erneuerung lieferte, berief sich der Widerstand gegen die ‚Kahlschlagsanierung' darauf, dass diese Quartiere keineswegs soziales Chaos oder gar Desintegration, sondern ein bewahrenswertes Milieu beherbergten, das auf langer Wohndauer, informellen Hilfesystemen und dichter Kommunikation beruhte. ‚Zurückgebliebene' Quartiere wurden also einerseits als Schutzräume für Arme und Alte betrachtet, andererseits als Orte, die gesellschaftliche Benachteiligungen befestigten. Von politisch links stehenden Gruppen wurde damals argumentiert, die Situation in den Altbauquartieren stelle nicht nur kein benachteiligendes, sondern sogar ein emanzipatorisches Milieu dar, weil auf der Basis von Homogenität und lokaler Kommunikation sich eine widerständige Kultur entwickeln könne, die durch Eingriffe von außen (bewusst) zerstört werde.

Segregation ‚an sich' kann nicht als positiv oder negativ bewertet werden (vgl. Häußermann/Siebel 2004a). Einerseits sind die Wirkungen der Bildung homogener Wohnquartiere immer ambivalent, weil sie zwar eine starke Binnenintegration gewährleisten, aber auch wirksame Grenzen nach außen darstellen; andererseits hängt die Einschätzung eines sozialräumlichen Milieus auch von der gesellschaftlichen Bewertung ab: handelt es sich um ein erwünschtes, akzeptiertes Milieu, oder um ein unerwünschtes, fremdes, diskriminiertes? Dies wird sofort deutlich, wenn man die Bewertung von homogenen Mittelschichtsquartieren am Stadtrand vergleicht mit der Kritik an homogenen Armutsvierteln oder an den ‚ethnischen Kolonien', die in der Regel als ‚problematisch' angesehen werden.

Ein zentraler Unterschied zwischen stark segregierten Quartieren, der für die erwarteten Effekte dieser Segregation nachhaltige Bedeutung hat, besteht darin, ob sie aufgrund freiwilliger Wohnstandortwahl entstanden sind, oder ob es sich um eine unfreiwillige, erzwungene Segregation handelt. Dabei ist selbst bei armen Bewohnergruppen nicht von vornherein auszuschließen, dass sie sich (wenn auch im Rahmen objektiv sehr begrenzter Alternativen) für ein bestimmtes Wohngebiet entschieden haben und dort, solange sich ihre soziale Lage nicht verbessert hat, auch bleiben wollen. So ziehen Migranten häufig in Viertel, wo bereits Verwandte oder Bekannte aus der Herkunftsregion wohnen. Solche Viertel ermöglichen es unter Umständen, sich auf die Kultur des Aufnahmelandes einzustellen, ohne sogleich die eigene Herkunft verleugnen zu müssen. Sie bieten überdies Kontaktmöglichkeiten, die finanzielle und materielle Unterstützung bereitstellen und beim Umgang mit Behörden und bei der Arbeitssuche behilflich sein können.

Die *Bewertung segregierter Viertel* divergiert je nach dem Standpunkt des Beobachters: Quartiere, die von außen als ‚problematisch' eingestuft werden, werden von ihren Bewohnern häufig akzeptiert und als ein Ort der Zugehörigkeit gesehen, mit dem sie sich durchaus identifizieren.

Der Stadtteil kann somit als „Ressource der Lebensbewältigung" (Herlyn u.a. 1991) dienen, aber auch als Beschränkung der Lebenschancen fungieren (vgl. Kapphan 2002). Boettner (2002, 105 f.) hat in einer Fallstudie zu Duisburg-Marxloh gezeigt, dass diese Ambivalenz in widersprüchlichen ‚Deutungsrahmen' zum Ausdruck kommt, die er als divergierende „Problemmuster" bezeichnet. Während nach dem einen (fürsorgerischen) Problemmuster das homogene Milieu sozialpflegerisch „optimiert" werden soll, legt das konträre (interventionistische) Muster ein „Gegensteuern" nahe, d.h. den Versuch, die Konzentration von problembeladenen Haushalten durch ein Konzept der ‚sozialen Mischung' aufzulösen, und das heißt für gewöhnlich: Aufwertung des Quartiers als Wohngebiet und damit die Verdrängung von ‚sozial problematischen' Haushalten.

Ob und für welche Bewohnerinnen und Bewohner Quartiere mit hohen Anteilen von Armen und Arbeitslosen eher ausgrenzend oder eher integrierend wirken, hängt wesentlich von vier Faktoren ab: dem Grad der Freiwilligkeit des Zuzugs und damit einhergehend die Verfügbarkeit unterstützender sozialer Netze; den Wohn- und Lebensbedingungen im Quartier (genügen sie Mindeststandards der Wohnqualität und der infrastrukturellen Versorgung oder nicht); der Außenbeurteilung des Viertels und seiner Bewohner; schließlich und vor allem von der Durchlässigkeit der sozial-räumlichen Grenzen (ist Aufstiegsmobilität möglich und wird sie intern und extern gefördert oder nicht).

4 Sozialräume und ihre Auswirkungen auf Exklusionsprozesse

Angesichts der dargestellten Ambivalenzen wäre es notwendig, das Zusammenwirken von Arbeitslosigkeits- und Armutslagen, Bewältigungshandeln und Sozialraum in jeweils unterschiedlichen sozialräumlichen Kontexten zu betrachten. Wir können an dieser Stelle aber nur eine Seite dieses Probnlems eingehen: auf die hohe räumliche Konzentration von armen haushalten in einem Stadtviertel.

Wohngebiete wirken – so die These - umso stärker benachteiligend auf ihre armen Bewohner, je mehr diese gleichsam unter sich bleiben, je höher also der Anteil der Armen an der Gesamtbevölkerung des Viertels ist. Prominentester Vertreter dieser These ist William Julius Wilson, der sie mit empirischen Befunden vor allem aus Chicago begründete (vgl. Wilson 1987 und 1996). Die sozialräumliche Konzentration von Armut in den Stadtvierteln amerikanischer Großstädte mit einer Armutsdichte von 40 % und mehr ergibt sich ihm zufolge aus dem Zusammenwirken zweier Faktoren: der Abwanderung der (schwarzen) Mittelklasse aus den Innenstadtgebieten und der weiteren Verarmung der zurückbleibenden ansässigen Bevölkerung, die im Zuge der Deindustrialisierung und der Verlagerung von Dienstleistungsarbeitsplätzen in die Randgebiete der Städte verstärkt von Unterbeschäftigung und Arbeitslosigkeit heimgesucht wird. Benachteiligung am Arbeitsmarkt verbindet sich auf diese Weise mit sozialer Isolation und wird ihrerseits durch die Folgen der Isolation verstärkt. Denn mit dem Wegzug der beruflich Etablierten gehen potenzielle Arbeitgeber, aber auch Informanten und Fürsprecher verloren, die Arbeitsstellen vermittelten könnten. Bleiben die Armen, prekär Beschäftigten und Arbeitslosen unter sich, ergeben sich überdies negative Sozialisationseffekte für Jugendliche, die in diesen Viertel aufwachsen. Ihnen fehlen Rollenvorbilder, die sie an eine Orientierung an regulärer Erwerbsarbeit heranführen könnten (die „old heads" der traditionellen, schwarzen Arbeiterviertel; vgl. Anderson 1990). „Konformistische" Jugendliche, die auf dem knappen Arbeitsmarkt für Niedriglohnjobs oft vergeblich nach Arbeit suchen, geraten in Konflikt mit Altersgenossen, die Erwerbsarbeit abgeschrieben haben, Anerkennung auf der Strasse suchen und in der Drogenökonomie unter tödlichem Risiko schnelles Geld verdienen wollen (vgl. Newman 1999; Bourgois 1995).

Die sozialräumliche Konzentration der Armen bildet hier das kritische Bindeglied, das Ausgrenzung am Arbeitsmarkt und soziale Ausgrenzung zu einem Teufelskreis sich wechselseitig verstärkender Elemente zusammenschließt. Die interne, soziale Isolation wird durch externe, rassistische Stigmatisierung der Viertel mit ihren überwiegend schwarzen oder hispanischen Bevölkerungen noch weiter verschärft.

Wilson spricht, unter Rückgriff auf den von Gunnar Myrdal Anfang der sechziger Jahre ins Amerikanische eingeführten Begriff der „underclass", von der Herausbildung einer „ghetto underclass" (Wilson 1987, S. 3). Das „Ghetto" am Ende des letzten Jahrhunderts unterscheidet sich allerdings in wichtiger Hinsicht vom schwarzen Ghetto der Zeit vor dem Zweiten Weltkrieg. Letzteres war infolge der den Schwarzen auferlegten Mobilitätsbeschränkungen ethnisch weitgehend homogen, aber sozial relativ heterogen. Die schwarzen Wohngebiete waren Arbeiterviertel, schlossen aber auch die schwarze Mittelklasse ein (vgl. Drake und Cayton 1993). Das von Wilson beschriebene Ghetto dagegen ist sowohl ethnisch als auch ökonomisch segregiert. Die schwarze Mittelklasse konnte die durch die Bürgerrechtsbewegung eröffneten Mobilitätsspielräume nutzen, während für die Zurückbleibenden die ökonomische Grundlage für eine städtische Arbeiterexistenz erodierte. Der Begriff „ghetto underclass" bezeichnet dieses Zusammentreffen von ökonomischer Marginalisierung und räumlicher Abschottung.

Aus europäischer Sicht ist insbesondere die Übertragbarkeit der These von den Konzentrationseffekten strittig. Dabei sind es vor allem zwei historische Momente, die bislang die Übertragbarkeit der Wilsonschen Analysen der Underclass-Formierung auf (kontinental-)europäische Verhältnisse zweifelhaft haben erscheinen lassen (vgl. Häußermann/Kronauer/Siebel 2004). Zum einen prägt bis heute Rassendiskriminierung die Segregationsmuster in den amerikanischen Großstädten nachhaltiger als in Europa. Zum anderen sind in den meisten europäischen Großstädten noch immer sozialstaatliche Interventionen wirksam, die sich auf zweifache Weise bemerkbar machen: in der stärkeren materiellen und sozialen Absicherung von Individuen und Haushalten in Notlagen und in der stärkeren Präsenz staatlicher Förderung und Regulierung bei der Wohnungsversorgung und Quartiersentwicklung, die die Übertragung ökonomischer Benachteiligung auf sozialräumliche Benachteiligung lange Zeit abgeschwächt hat. Die Armutsviertel der amerikanischen Innenstädte dagegen waren zum Zeitpunkt von Wilsons Untersuchungen über die Herausbildung einer neuen städtischen „underclass" von der Mehrheitsgesellschaft aufgegeben worden. Private Investoren hatten sich zurückgezogen, lokale und staatliche Förderprogramme waren zurückgefahren oder gänzlich eingestellt worden. Im Vergleich zu den USA weisen europäische Großstädte deshalb in der Regel nicht nur niedrigere Armutsraten auf, sondern auch eine größere ethnische und soziale Heterogenität selbst in den Vierteln mit überdurchschnittlichen Anteilen von Armen und Arbeitslosen.

Gleichwohl haben Studien auch in Deutschland den Einfluss von Konzentrationseffekten zumindest auf den ersten Blick bestätigt. Farwick (2001) konnte anhand von Längsschnittdaten zum Sozialhilfebezug und der räumlichen Verteilung von Sozialhilfeempfängern in Bremen und Bielefeld zeigen, dass die Sozialhilfedichte eines Gebiets einen eigenständigen Erklärungsfaktor für die Dauer des Sozialhilfebezugs darstellt. Arme Bewohner von Stadtvierteln oder Straßenzügen mit hohen Anteilen von Sozialhilfeempfängern beziehen länger Sozialhilfe als Vergleichsgruppen in Wohngebieten mit geringerer Sozialhilfedichte. Friedrichs und Blasius (2000, S. 193 ff.) kamen in einer Studie verschiedener Kölner Stadtviertel mit überdurchschnittlicher Armut zu dem Schluss, dass die Benachteiligung der Bewohner mit steigender Armutsdichte ebenfalls zu- und die Wohnzufriedenheit abnimmt. Unklarheiten bestehen nach wie vor hinsichtlich der Erklärung der hier beschriebenen Zusammenhänge. Farwick vermutet, dass die Außendiskriminierung der Viertel und ihrer Bewohner einen wichtigen Einfluss auf die Verlängerung der Bezugszeiten von Sozialhilfe haben könnte (vgl. Farwick 2001, S. 178). Friedrichs und Blasius wiederum halten sich strikter an die Wilson'sche Erklärung. Sie stellen mit zunehmender Armutsdichte eine Verengung der sozialen Netze fest. Darüber hinaus glauben sie zumindest bei den deutschen (bemerkenswerterweise aber nicht bei den türkischen) Bewohnern negative Sozialisationseffekte feststellen zu können. Allerdings behandelt ihre Studie weit mehr Zusammenhänge zwischen Armut und Einstellungen gegenüber abweichendem Verhalten als tatsächliche Auswirkungen von im Viertel erlernten Verhaltensweisen auf Arbeitsmarktchancen.

Beim gegenwärtigen Stand der Erkenntnis ist somit noch weitgehend offen, ob (und wenn ja, warum) tatsächlich die jeweilige Armutsdichte in einem Viertel den Ausschlag für zusätzliche sozialräumliche Benachteiligungen gibt oder ob nicht andere Faktoren (wie sie etwa in der folgenden These von der Bedeutung unterschiedlicher Quartiersmerkmale herausgearbeitet werden) erklärungsmächtiger sind. In jedem Fall weist jedoch der Vergleich mit den USA auf die möglichen Folgen hin, die ein weiterer Rückzug des Staats aus der Wohnungsversorgung und der Verpflichtung zu einem räumlichen Ausgleich von Lebensbedingungen, der seit geraumer Zeit in Deutschland und anderen europäischen Ländern ein Ziel der Stadtpolitik ist, haben kann, und was es für die Stadtgesellschaft bedeutet, wenn ökonomische und sozialräumliche Benachteiligung kurzgeschlossen werden.

5 Schluss

Die Einkommensungleichheit in Deutschland nimmt zu und in ihrer Folge auch die Armut. Nicht nur die Folgen der Armut, sondern auch ihre Dauer werden beeinflusst durch die Sozialräume, in denen Arme wohnen. Das Abdrängen von armer Bevölkerung in marginalisierte Stadträume, in denen dann eine hohe Konzentration von armen Haushalten entsteht, stellt also ein sozialpolitisches Problem ersten Ranges dar.

Die Zunahme sozialer Ungleichheit in den Großstädten ist begleitet von der abnehmenden Zahl von Wohnungen, auf die die Kommunen über Belegungsbindungen Zugriffsmöglichkeiten haben. Durch das Auslaufen von Sozialbindungen im öffentlich geförderten Wohnungsbau und durch die starke Abnahme von Neubau im sozialen Wohnungsbau gewinnen Marktprozesse für die Verteilung der Wohnungen auf die unterschiedlichen Nachfragegruppen eine immer stärkere Bedeutung. Wie viel jemand verdient, bestimmt wieder unmittelbarer darüber, wie und wo jemand wohnen kann. Diese Verkoppelung von Arbeits- und Wohnungsmarktposition zu durchbrechen, war Ziel aller Wohnungsreformbewegungen seit der Industrialisierung. Darauf war die Schaffung eines gemeinnützigen Wohnungssegments orientiert, das vor allem von kommunalen Wohnungsbaugesellschaften gebildet wurde.

Sämtliche Bundesregierungen seit den 80er Jahren haben mehr oder weniger stark daran gearbeitet, die Wohnungsversorgung zu liberalisieren und die Eigentumsbildung stärker in den Vordergrund zu rücken. Zwar werden sich nicht die Verhältnisse der Stadt des 19. Jahrhunderts wieder herstellen, aber die starke soziale Mischung, die durch das staatliche Engagement im Mietwohnungsbereich möglich geworden war, wird sich nach und nach wieder auflösen. Marktförmig regulierte Wohnungsversorgung führt zu sozio-ökonomischer Segregation je nach Einkommen. Dies bewirkt eine räumliche Konzentration von solchen Haushalten, die mit vielfältigen sozialen Problemen beladen sind, in solchen Quartieren der Städte, die die geringste Wohn- und Lebensqualität aufweisen. Dieser Wandel wird auch als sozialräumliche Polarisierung bezeichnet, in deren Verlauf sich neue ‚Armutsviertel' bzw. ausgegrenzte Quartiere bilden.

Innerhalb der ökonomisch bedingten Segregation, die sich an Ressourcen orientiert, gibt es dann weitere Segregationsformen nach Lebensstilen und/oder ethnischer Identitäten, die in den multikulturellen Städten eine wachsende Bedeutung haben.

Quartiere sind Sozialräume, und als solche haben sie Wirkungen für die soziale Lage. Sie können Ausgrenzung bewirken, aber auch Einbettung gewährleisten. Das hängt zum Teil von den äußeren, physisch-materiellen Qualitäten eines Quartiers ab, noch mehr aber von dem Milieu, das die soziale Zusammensetzung und die sozialen Interaktionen im Stadtteil konstituieren. Bauliche Qualitäten, Nutzungsstruktur und soziale Praxis der Bewohner bilden in einem komplexen Zusammenspiel einen Kontext, der auf die einen anziehend, auf die anderen abstoßend wirkt. Ein Minimum der Freiwilligkeit der Entscheidung für einen bestimmten Wohnort zu ermöglichen, ist daher ebenso ein Sozialstaatsgebot wie die Forderung, das Angebot an Sozialleistungen im Quartier, aber auch für die Individuen aufrecht zu erhalten.

Für eine Sozialraum-Politik sind zwei Ziele zentral: die Durchlässigkeit der Grenzen zu gewährleisten, und dem Gemeinwesen eine aktive Rolle bei der Entwicklung des Quartiers einzuräumen. Seit 2000 gibt es das Bund-Länder-Programm ‚Stadtteile mit besonderem Entwicklungsbedarf – die Soziale Stadt', in dem neue Politikansätze zur Bekämpfung der Ausgrenzung ganzer Stadtteile erprobt werden. Grundphilosophie ist, dass nur fachübergreifende, integrierte gebietsbezogene Ansätze den gegenwärtig zu beobachtenden Tendenzen der Ausgrenzung begegnen können. Bisher haben allerdings Sozialpolitik und Gebietspolitik noch kaum zueinander gefunden – offenbar ist fachlich begrenztes Scheitern weniger blamabel als das Risiko eines fachübergreifenden Ansatzes einzugehen (vgl. Institut für Stadtforschung 2004). Die rot-grüne Bundesregierung hat bei ihrem Anspruch, neue Politikformen zu erproben, auch in diesem Feld weitgehend versagt.

Literatur:

Anderson, Elijah 1990: Streetwise. Race, class, and change in an urban community. Chicago/London: The University of Chicago Press

Andreß, Hans-Jürgen (1999): Leben in Armut. Opladen: Westdeutscher Verlag.

Boettner, Johannes 2002: Vom tapferen Schneiderlein und anderen Helden. Fallstricke des integrierten Handelns – Eine Evaluation. In: U.-J. Walther (Hg.), Soziale Stadt – Zwischenbilanzen. Opladen: Leske + Budrich, S. 101 - 114

Bourdieu, Pierre u.a. 1997: Das Elend der Welt. Zeugnisse und Diagnosen alltäglichen Leidens an der Gesellschaft. Konstanz: UVK

Bourgois, Philippe 1995: In search of respect. Selling crack in El Barrio. Cambridge: University Press

Buck, Nick 2001: Identifying neighbourhood effects on social exclusion. In: Urban Studies, Vol. 38, Nr. 12, S. 2251-2275

Castel, Robert (2000): Die Metamorphosen der sozialen Frage. Konstanz: UVK Verlag.

Deutscher Bundestag (2005): Lebenslagen in Deutschland – Zweiter Armuts- und Reichtumsbericht. Unterrichtung durch die Bundesregierung. Drucksache 15/5015. Köln: Bundesanzeiger Verlagsgesellschaft.

Diewald, Martin (2003): Kapital oder Kompensation? Erwerbsbiografien von Männern und die sozialen Beziehungen zu Verwandten und Freunden. In: Berliner Journal für Soziologie, Heft 2, S. 213-238.

Drake, St. Clair; Cayton, Horace R. [1945] 1993: Black metropolis. A study of negro life in a northern city. Chicago: The University of Chicago Press

Dubet, François; Lapeyronnie, Didier 1994: Im Aus der Vorstädte. Der Zerfall der demokratischen Gesellschaft. Stuttgart: Klett-Cotta

Farwick, Andreas 2001: Segregierte Armut in der Stadt: Ursachen und soziale Folgen der räumlichen Konzentration von Sozialhilfeempfängern. Opladen: Leske + Budrich

Frick, Joiachim R./Goebel, Jan/Grabka, Markus M./Krause, Peter/Schäfer, Andrea/Tucci, Ingrid/Wagner, Gert G. (2005): Zur langfristigen entwicklung von Einkommen und Armut in Deutschland. Wochenbericht des DIW, Nr. 4/2005. Berlin: DIW.

Friedrichs, Jürgen; Blasius, Jörg 2000: Leben in benachteiligten Wohngebieten, Opladen: Leske + Budrich

Gallie, Duncan/Paugam, Serge (Hrsg.) (2000): Welfare Regimes and the Experience of Unemployment in Europe. Oxford: Oxford University Press.

Gebauer, Ronald/Petschauer, Hanna/Vobruba, Georg (2002): Wer sitzt in der Armutsfalle? Berlin. Edition Sigma.

Häußermann, Hartmut; Holm, Andrej; Zunzer, Daniela 2002: Stadterneuerung in der Berliner Republik: Modernisierung in Berlin-Prenzlauer, Opladen: Leske + Opladen

Häußermann, Hartmut; Kapphan, Andreas 2000: Berlin: von der geteilten zur gespaltenen Stadt? Sozialräumlicher Wandel seit 1990. Opladen: Leske + Budrich

Häußermann, Hartmut; Kronauer, Martin; Siebel, Walter (Hg.) 2004: An den Rändern der Städte. Frankfurt/M.: Suhrkamp

Häußermann, Hartmut; Siebel, Walter 2004: Stadtsoziologie. Eine Einführung. Frankfurt/M.: Campus (im Erscheinen)

Herlyn, Ulfert; Lakemann, Ulrich; Lettko, Barbara 1991: Armut und Milieu. Basel; Berlin; Boston: Birkhäuser

Hobsbawm, Eric J. 1980: Die Blütezeit des Kapitals. Eine Kulturgeschichte der Jahre 1848-1875. Frankfurt/M.: Fischer.

Institut für Stadtforschung und Strukturpolitik (2004): Die Soziale Stadt. Ergebnisse der Zwischenvaluierung. Im Auftrag des Bundesministeriums für Verkehr, Bau- und Wohnungswesen. Berlin: DIFU

Jargowsky, Paul A. 2004: Die metropolitanen Gebiete der USA: Strukturwandel und Stadtpolitik. In: Häußermann, Hartmut; Kronauer, Martin; Siebel, Walter (Hg.): An den Rändern der Städte. Frankfurt/M.: Suhrkamp, S. 122-147.

Kapphan, Andreas 2002: Das arme Berlin: Sozialräumliche Polarisierung, Armutskonzentration und Ausgrenzung in den 1990er Jahren. Opladen: Leske + Budrich

Kaufmann, Franz-Xaver (2003): Varianten des Wohlfahrtsstaats. Frankfurt am Main: Edition Suhrkamp.

Kern, Stephanie (2002): Führt Armut zu sozialer Isolation? Eine empirische Analyse mit Daten des Sozio-Ökonomischen Panels. Dissertation an der Universität Trier.

Kronauer, M. (2000): Armutsforschung. Sammelbesprechung. In: Soziologische Revue, 23. Jg., S. 162-172.
Kronauer, Martin (2002): Exklusion. Die Gefährdung des Sozialen im hoch entwickelten Kapitalismus. Frankfurt am Main, New York: Campus.
Kronauer, Martin 2002: Exklusion. Frankfurt/M, New York: Campus
Kronauer, Martin; Vogel, Berthold 2004: Erfahrung und Bewältigung von sozialer Ausgrenzung in der Großstadt: Was sind Quartierseffekte, was Lageeffekte? In: Häußermann, Hartmut; Kronauer, Martin; Siebel, Walter (Hg.): An den Rändern der Städte. Frankfurt/M.: Suhrkamp, S. 235-257
Kronauer, Martin; Vogel, Berthold; Gerlach, Frank 1993: Im Schatten der Arbeitsgesellschaft. Arbeitslose und die Dynamik sozialer Ausgrenzung. Frankfurt/M., New York: Campus
Leibfried, Stephan/Leisering, Lutz/Buhr, Petra/Ludwig, Monika/Mädje, Eva/Olk, Thomas/Voges, Wolfgang/Zwick, Michael (1995): Zeit der Armut. Lebensläufe im Sozialstaat. Frankfurt am Main: Edition Suhrkamp.
Lutz, Burkart (1989): Der kurze Traum immerwährender Prosperität. Frankfurt am Main, New York: Campus.
Marshall, Thomas H. (1992): Bürgerrechte und soziale Klassen. Zur Soziologie des Wohlfahrtsstaats. Frankfurt am Main, New York: Campus.
Newman, Katherine 1999: No shame in my game. The working poor in the inner city. New York:
Paugam, Serge 1998: Von der Armut zur Ausgrenzung. Wie Frankreich eine neue soziale Frage lernt. In: Voges, Wolfgang; Kazepov, Yuri (Hg.): Armut in Europa. Wiesbaden: Chmielorz, S. 117-136.
Schäfer, Claus (2003): Effektiv gezahlte Niedriglöhne in Deutschland. In: WSI-Mitteilungen, Heft 7, S. 420-428.
Schupp, J./Birkner, E. (2004): Kleine Beschäftigungsverhältnisse: Kein Jobwunder. In: Wochenbericht des DIW, Nr. 34/2004. Berlin: DIW.
Simmel, Georg [1908] 1983: Soziologie. Berlin: Duncker & Humblot
Wacquant, Loïc J. D. 2004: Roter Gürtel, Schwarzer Gürtel: Rassentrennung, Klassenungleichheit und der Staat in der französischen städtischen Peripherie und im amerikanischen Ghetto. In: Häußermann, Hartmut; Kronauer, Martin; Siebel, Walter (Hg.): An den Rändern der Städte. Frankfurt/M.: Suhrkamp, S. 148-200
Wegener, Bernd 1987: Vom Nutzen entfernter Bekannter. In: Kölner Zeitschrift für Soziologie und Sozialpsychologie, 39. Jg., S. 278 – 301
Wilson, William Julius 1987: The truly disadvantaged: the inner city, the underclass, and public policy, Chicago, London: The University of Chicago Press
Wilson, William Julius 1996: When work disappears. The world of the new urban poor. New York:

2. Die Einkommensverteilung in Deutschland

Gert G. Wagner

Während zum Beginn des dritten Jahrtausends Wirtschaftsliberale immer drastischer gegen den Begriff des Sozialen in unserer Marktwirtschaft Sturm laufen, sehen alt-68er Vorausdenker den Untergang des Kapitalismus endlich nahen: wenn durch die Globalisierung das Abendland unterzugehen droht, bleibt keine anderer Ausweg mehr als der von einer postmodernen Avantgarde ersonnene „Dritte Weg". Diese und ähnliche Schlagworte sind auch in der aktuellen publizistischen Bewertung der Hartz IV Gesetzgebung und der gesamten Agenda 2010 zu Hauf zu finden.

Während einigen Arbeitgebervertretern und ihnen nahe stehenden Wirtschaftswissenschaftlern die Arbeitsmarktreformen immer noch nicht radikal genug sind und sie die Staatsausgaben zusammenstreichen sowie Flächentarifverträge- und den Kündigungsschutz ganz abschaffen möchten, wird im Feuilleton über die „Gesellschaft des Weniger" geklagt und über deren optimalen Gestaltung nachgedacht.[1]

Die Debatte zeigt, dass in diesem Land die Diskussion über die Gesellschaft und die Gestaltung der Sozial- und Wirtschaftspolitik traditionell an zu viel Schlagworten und zu wenig nüchterner Analyse leidet. Währenddessen haben sich die Betroffenen Langzeitarbeitslosen offenbar rasch auf die neuen Rahmenbedingungen eingestellt: Zusatzjobs – meist 1-Euro-Jobs genannt – werden gerade in Ostdeutschland von Arbeitslosen gesucht, die einen Weg zurück in die Erwerbsgesellschaft finden wollen. Und von denjenigen, die als Schwarzarbeiter ohnehin bereits ihr persönliches Auskommen gefunden haben, werden etliche auf „Stütze" verzichten, da sie für Schummler nicht mehr so leicht zu bekommen ist wie bislang. Es gibt auch keine Massenkundgebungen, sondern die meisten derjenigen, die glauben dass sie zu Unrecht weniger Geld bekommen, legen brav Widerspruch ein und wenden sich eventuell noch an den eigens eingerichteten Ombudsrat, der die Beschwerden sachlich beantwortet und auswertet und inzwischen einige Verbesserungsvorschläge im Detail vorgelegt hat. Bislang gingen

---

[*] Erweiterte und aktualisierte Fassung eines in der Süddeutschen Zeitung (Feuilleton) am 15. Februar 2005, S. 15, abgedruckten Artikels des Autors.
[1] So beispielhaft von Ulrich Beck am 3. Februar im Feuilleton der „Süddeutschen Zeitung" in seinen Reflektionen über das nach Hartz IV absteigende Deutschland.

bei dem Ombudsrat nur einige zehntausend Anfragen ein – bei 2,7 Millionen Antragstellern ein verschwindend kleiner Anteil.

Diese relative Ruhe hat auch nichts damit zu tun, dass die Betroffenen nicht durchblickten oder ihnen Sand in die Augen gestreut würde, wie im Feuilleton gerne vermutet wird. Sondern die Agenda 2010 kommt bei allen Änderungen im Detail im wirklichen Leben eben keiner Verfassungsänderung gleich - wie das von dem Publizisten Ulrich Beck behauptet wird. Denn die Agenda 2010 programmiert nicht die Spaltung der Gesellschaft, sondern durch sie besteht die Chance, dass der Spaltpilz Langzeitarbeitslosigkeit Kraft verliert. Das heißt natürlich nicht, dass die Agenda 2010 kurzfristig problemlos wäre und dass sie zwangsläufig langfristig erfolgreich sein wird, aber programmatisch geht es jedenfalls weder um den Triumph neoliberalen Denkens noch um die die Zementierung von Dauerarmut. Und selbst das unterste Sicherungsniveau in Deutschland – die Sozialhilfe – ist international gesehen noch eine beachtlich hoher Transfer. Deswegen verändert sich auch der Anteil der Einkommen, den die 10 Prozent der Bevölkerung mit den niedrigsten Einkommen zur Verfügung haben, seit Jahren – trotz Massenarbeitslosigkeit – kaum etwas: er liegt bei etwa 4 Prozent aller Haushaltseinkommen (nur im Konjunkturhoch 1998 und 1999 lag er mit 4,4 Prozent höher – aber auch nicht viel).

Die Armutsquote, die an der Hälfte des Durchschnittseinkommens gemessen wird (also höher als der Sozialhilfeanspruch liegt) schwankt stärker. Aber mit einer Armutsquote von etwa 13 bis 14 Prozent liegt Deutschland international gesehen noch immer im durchschnittlichen Bereich. Relative Einkommensarmut ist in Deutschland keineswegs überdurchschnittlich hoch. Aber gleichwohl ist das Armutsrisiko unerfreulich und auf Dauer gesellschaftspolitisch nicht hinnehmbar.

Die Gründe für das in den letzten Jahren angestiegene Armutsrisiko sind auch bekannt: hohe Arbeitslosigkeit, insbesondere ein sehr hoher Anteil von Langzeitarbeitslosen. Entsprechend ist die Idee der Agenda 2010 und insbesondere von Hartz IV einfach: die Bezugsdauer des Arbeitslosengeldes wurde auf 1 Jahr verkürzt, damit Arbeitslose sich eher nach neuer Arbeit umschauen und so nicht in Langzeitarbeitslosigkeit abgleiten, aus der sie dann kaum noch herauskommen. Nur ein Jahr Arbeitslosengeld ist auch kein Rückfall ins Kaiserreich, sondern damit wird nur der sozial-liberale Zustand vor 1985 wieder hergestellt. Keine heimliche Verfassungsänderung also. Auch die Überführung der früheren Arbeitslosenhilfe auf das etwas niedrigere Arbeitslosengeld II (ALG II) ist kein Akt der Barbarei, sondern deswegen vernünftig, weil vor Ort Problemfällen besser helfen kann als es das zentralisierte Arbeitsamt konnte. Zudem kriegen viele Langzeitarbeitslose sogar noch etwas mehr Geld als zuvor. Und der bessere

Betreuungsschlüssel für unter 25Jährige in den Arbeitsagenturen wird der nachwachsenden Generation gezielt helfen.

Mit der Zahlung der pauschal bemessenen Sozialhilfe an Langzeitarbeitslose wird auch keineswegs die „Status-Sicherung" aufgegeben, die das alte Sozialsystem – so ist in akademischen Kommentaren immer wieder zu lesen – angeblich ausgezeichnet hat. Es stimmt zwar, dass die alte Arbeitslosenhilfe am letzten Lohn orientiert war (was bei ALG II nicht der Fall ist), aber von Status-Sicherung zu reden, wenn die Arbeitslosenhilfe unter 50 Prozent des letzten Nettolohns lag, war immer nur Sozialromantik. Langzeitarbeitslose haben das zu Recht als Abstieg empfunden. Das kluge Reden von der Statussicherung konnten und können Interpretationskünstler nur deswegen ungestraft durchhalten, weil die allermeisten Langzeitarbeitslose nicht das Feuilleton lesen.

Wenn „Fördern und Fordern" funktioniert, dann wird tatsächliche Statussicherung dadurch erreicht, dass Menschen nicht mehr massenhaft in Langzeitarbeitslosigkeit abgleiten. Wenn Arbeitslose bei ihrer Rückkehr in die Erwerbstätigkeit gemessen an ihrer Ausbildung eine „unterwertige Beschäftigung" annehmen, dann gibt ihnen das jedenfalls bessere Chancen für einen Wiederaufstieg als sie Langzeitarbeitslose haben, die nur deswegen nicht unterwertig beschäftigt sind, weil sie auf Arbeitszeit Null gesetzt sind. Unterwertige Beschäftigung ist auch keineswegs etwas, was erst durch Hartz IV kommt. Es ist außerhalb des Paradieses in einer freien Gesellschaft unvermeidbar, dass nicht jeder für seine ursprüngliche Qualifikation einen Arbeitgeber findet. Das gilt zum Beispiel schon immer für Philologen: es gibt seit alters her viel mehr qualifizierte Schreiber als es die Leserschaft verkraftet. Und das kann man nicht durch Lese-Zwang ändern, sondern etliche potentielle Publizisten mussten und müssen sich ein anderes Auskommen suchen.

Spätestens hier sind wir nun an dem Punkt, wo immer wieder behauptet wird, dass das alles nur schöne Worte seien, aber der Aufschwung aufgrund der Globalisierung nicht kommen würde und deswegen die Agenda 2010 ins Leere laufe und damit schlicht nur ein Zusammenstreichen der Arbeitslosenunterstützung übrig bliebe. Man muss ehrlicherweise antworten: ja, das kann passieren. Aber es ist keineswegs zwangsläufig, dass wir zu einer „Gesellschaft des Weniger" werden. Vielmehr zeigt das Ausland, dass mehr Wohlstand möglich ist – wenn man die Wirtschafts- und Gesellschaftspolitik nicht mit Schlagworten zerredet, sondern pragmatisch lenkt.

Das beginnt bei der Feststellung dessen was ist. Und da muss man nüchtern konstatieren, dass auch die zigfache Wiederholung der Behauptung, dass die Armen immer ärmer und die Reichen immer reicher werden, zumindest für Deutschland nicht stimmt. Vielmehr zeigen repräsentative Statistiken, dass im konjunkturellen Abschwung – wenn es mehr Arbeitslose mit niedrigem Einkommen gibt – die Ungleichheit wächst, und im Aufschwung die Ungleichheit auch wieder zurückgeht – so wie zwischen 1995 und 2000. Nichts spricht dafür, dass dieser Mechanismus im 21. Jahrhundert plötzlich nicht mehr gilt. Und die Reichen profitieren im Aufschwung ohne Zweifel durch steigende Aktienerträge – aber im Abschwung verlieren sie auch wieder Vermögen, wenn die Aktienkurse fallen.

Man darf auch nicht die in der Tat gravierenden Probleme, die durch die deutsche Vereinigung in Ostdeutschland wie in Westdeutschland entstanden sind, mit einem säkularen Niedergang des „rheinischen Kapitalismus" gleichsetzen. Die Arbeitslosigkeit in den neuen Bundesländern ist ein Problem, dass durch die Umstellung von einer bankrotten Zentralverwaltungswirtschaft auf eine hochproduktive Konkurrenzwirtschaft entstanden ist. Es wird die mittlere Wende-Generation auch leider bis zum Lebensende begleiten. Aber mit Globalisierung hat das Nichts zu tun. Auch die hohe Armut von Zuwanderern und Bildungsprobleme der zweiten und dritten Zuwanderergenerationen haben Nichts damit zu tun, sondern vor allem etwas mit schwacher Konjunktur, einer fehlenden Zuwanderungs- und Integrationspolitik in den letzten Jahrzehnten und einem absurd schlechten Schulsystem in Deutschland.

Wobei die deutschen Schulen auch an der Schlagwort-Kultur leiden: in Deutschland ist die empirisch gesättigte Erziehungswissenschaft unterentwickelt, die untersucht wie Lernen optimiert werden kann, stattdessen lesen deutsche Pädagogikprofessoren lieber in ihrer Suhrkamp-Bibliothek als in internationalen Zeitschriften der empirischen Bildungsforschung. Das Ergebnis wird im Essay „Das neue Subproletariat" von Ijoma Mangold als Tristesse der Perspektivlosigkeit von ungebildeten jungen Menschen plastisch beschrieben.[2] Und neue Ergebnisse der Sozialforschung zeigen, dass die fehlende Perspektive eines sozialen Aufstiegs fatalerweise durch finanzielle Unterstützung eher zementiert denn überwunden wird, weil Eltern, die Sozialhilfe beziehen offenbar ein schlechtes Vorbild abgeben. Hartz IV macht mit dieser von Mangold genannten „sozialstaatlichen Variante" von „Brot und Spielen" Schluss.

Aber um Harz IV kurzfristig zum Erfolg zu machen braucht es neben dem individuellen „Fordern" schlicht und einfach auch genug Nachfrage von Unternehmen nach Arbeitnehmern. Um diese rasch hervorzubringen darf nicht länger nur auf zitatenfeste Ordnungspolitiker unter den Ökonomen gehört werden, sondern pragmatisches Handeln ist notwendig, das – wie das in den USA und Frankreich immer wieder geschieht – die Binnennachfrage stärkt. Das ist kein Patentrezept – d. h. die Therapie kann auch fehlschlagen –, aber zumindest eine bessere Arznei als reines Lamento, das sich zwar gut liest und noch besser verkauft,

---

[2] Im Feuilleton der Süddeutschen Zeitung am 9. Februar 2005.

aber der Mehrheit der Menschen keinen Ausweg aus der Langzeitarbeitslosigkeit eröffnet.

II. Gerechtigkeit heute

3. Ist auch gut, was gerecht ist? Gerechtigkeitspolitik im Vergleich

Christoph Strünck

1 Einleitung

Gerechtigkeit ist zwar ein teures Gut, aber auch eine billige Ware. Jeder, der seinem Handeln Glanz verleihen möchte, beruft sich auf sie. Gerechtigkeit steht auch unter dem Generalverdacht, eine Leerformel zu sein, da sich alle politischen Lager gerne mit ihr schmücken. Rein rhetorisch betrachtet ist Gerechtigkeit daher mit größter Vorsicht zu genießen. Doch Gerechtigkeit ist nicht nur Dekoration, sondern sie ist auch eine tragende Säule, und zwar in vielen Politikfeldern. Sie dient dazu, elementare Eingriffe des Staates zu legitimieren.

Gemeinwohl und Gerechtigkeit sind – obwohl die Politikwissenschaft gerade das Gemeinwohl skeptisch bis distanziert behandelt – die unausgesprochenen Maßstäbe für politisches Handeln. Sie werden natürlich regelmäßig verletzt, aber sie sind häufig der Ausgangspunkt der öffentlichen Auseinandersetzung.

Gemeinwohl ist eigentlich ein partikularistisches Konzept, da es auf das Wohlergehen einer abgrenzbaren Gemeinschaft abzielt. Gerechtigkeit stammt dagegen aus der naturrechtlichen Denktradition und erhebt einen universalistischen Anspruch (vgl. Menke 2002). Etwas verkürzt entspricht Gerechtigkeit dem Prinzip politischer – nicht sozialer – Gleichheit und schafft damit erst die Grundlagen für das Gemeinwohl. Das Gerechte ist nicht das materiell und moralisch Gute, sondern schafft die Bedingungen dafür, dieses Gute zu verfolgen (vgl. Bartuschat 1994). Was jedoch das Gute ist, das hängt von den Werten und Traditionen einer Gesellschaft ab.

Dem anderen „gerecht" zu werden, hat Immanuel Kant in die prägnante Formel übersetzt, wonach man den anderen nicht nur als Mittel, sondern stets auch als Zweck behandeln solle. Aus dieser Formel entspringt die Anforderung, gleiche Rechte zuzugestehen und damit für politische Gleichheit zu sorgen. Der Rechtsstaat, in dem jeder unabhängig von seinem Status als gleiche Person gilt, verkörpert diese Vorstellung von Gerechtigkeit. Während die Suche nach dem *guten* Leben deshalb ein von Kultur und Normen geprägtes Ideal von Gemeinwohl darstellt, richtet sich das *gerechte* Leben nach universalisierbaren Vernunftprinzipien aus.

In der Philosophie steht die Gerechtigkeit also auf dem Sockel des Universalismus. Doch die politische Wirklichkeit holt sie dort herunter und stellt sie auf den Boden nationaler und regionaler Traditionen und Überzeugungen. Auch ein oberflächlicher Vergleich von Ländern offenbart, dass Gerechtigkeitsmaßstäbe höchst unterschiedlich sind. Das liegt daran, dass Politikerinnen und Politiker eher das Gute meinen, wenn sie von Gerechtigkeit sprechen. Diese Vorstellung vom „guten Leben" ist aber kulturell höchst unterschiedlich und umstritten.

In der Gerechtigkeitspolitik, die stets das Gute will, kann daher von Universalismus keine Rede sein. Theorien der Gerechtigkeit mögen universelle Maßstäbe zugrunde legen, doch in der praktischen Gerechtigkeitspolitik mischen sich stets universelle Kriterien und partikulare Traditionen. Die Tradition des deutschen Sozialstaats beruht auf den Geldleistungen der Sozialversicherung und der Sozialhilfe. In Deutschland trägt der Sozialstaat die Bürde der Gerechtigkeitspolitik. Verteilungsgerechtigkeit geht vor Chancengerechtigkeit und damit Nachsorge vor Vorsorge, wie der Beitrag im Folgenden zeigen wird. Mit Blick auf andere Länder soll zugleich die These unterfüttert werden, dass vorsorgende Gerechtigkeitspolitik weniger mit sozialer Sicherung als mit anderen Maßnahmen zu tun hat.

2 Konzepte der Gerechtigkeitspolitik

Gerechtigkeit ist in Demokratien vor allem in die Form des Rechtsstaates gegossen. Grundrechte, Verfahrensgerechtigkeit und Unabhängigkeit der Justiz sind die wichtigsten Parameter. Darin spiegelt sich die Idee der *politischen* Gleichheit als Ausdruck von Gerechtigkeit wider. Rechte sind hier das entscheidende Instrument.

Soziale Gleichheit – entweder als Ausgangsbedingung oder als Ergebnis politischen Handelns – ist hingegen der Fixpunkt der sozialen Gerechtigkeit, auch wenn soziale Gerechtigkeit nicht per se auf Gleichheit hinauslaufen muss. Bei sozialer Gerechtigkeit geht es nicht primär um die Zuteilung von Rechten, sondern um die Verteilung von Gütern und Ressourcen. Diese Variante von Gerechtigkeit prägt die meisten Politikfelder und ist doch zugleich wesentlich umstrittener als politische Gerechtigkeit. Friedrich von Hayek (1976: 23f.) war nach angeblich zehn Jahren intensiven Nachdenkens über soziale Gerechtigkeit ernüchtert:

> „Ich bin zu dem Schluss gelangt, dass für eine Gesellschaft freier Menschen dieses Wort überhaupt keinen Sinn hat […]. Es kann keine austeilende Gerechtigkeit geben, wo niemand etwas austeilt. Gerechtigkeit hat einen Sinn nur als eine Regel für menschliches Verhalten".

Hayek hielt es daher auch für unsinnig, dem Marktmechanismus vorzuwerfen, er produziere keine Gerechtigkeit, da Marktergebnisse nicht auf individuelles Verhalten alleine zurückzuführen seien. Doch selbst bei Hayek soll der Staat zumindest gegen Armut absichern, da jede Gemeinschaft eine moralische Pflicht dazu habe.

Kritiker dieser radikal-libertären Position haben stets darauf hingewiesen, dass Hayek ein wesentliches Problem umschiffe. Denn der Zugang zum Markt sei überall ungleich und somit seien die Startbedingungen ungerecht. John Rawls, dessen individualistische Gerechtigkeitstheorie auch mit kontinentaleuropäischen Sozialstandards vereinbar zu sein scheint, stellt sich diesem Problem. Seiner Meinung nach müssten bestimmte Grundgüter wie Grundrechte, Einkommen und Chancen fair verteilt sein. Für diese Fairness entwickelte er eine anspruchsvolle Theorie, nämlich den „Schleier der Unwissenheit". Rawls behauptet, dass jedes Individuum ganz bestimmten Verteilungsregeln zustimmen würde, wenn es seinen eigenen Status nicht sehen oder vorhersehen könnte (vgl. Rawls 1971). Aufgrund dieser wahrscheinlichen Zustimmung könnten diese Regeln als fair gelten.

Seine Theorie kann hier nicht nachgezeichnet werden. Unumstritten ist eine der beiden Verteilungsregeln von Rawls, wonach Rechte und Freiheiten gleich verteilt sein sollten, denn dies ist die klassische Konzeption politischer Gleichheit, wie sie modernen demokratischen Verfassungsstaaten zugrunde liegt. Eine zweite Regel, nach der soziale und ökonomische Ungleichheiten nur zulässig seien, wenn sie allen zum Vorteil dienten, ist in dieser verknappten Form hingegen massiv kritisiert worden.

Allerdings lassen die Formulierungen von Rawls Platz für Interpretationen. Wenn eine Volkswirtschaft stark wächst, und dabei sowohl Ungleichheit braucht als auch Ungleichheit produziert, kann die Stärke der Ökonomie zum Vorteil aller sein. Umgekehrt kann Gleichheit genau diese Entwicklung verlangsamen und damit zum Nachteil vieler werden.

Wichtig ist der Punkt, von dem aus Rawls startet: die faire Verteilung von Grundgütern. Diese Forderung ist das Fundament der Chancengerechtigkeit. In einem engeren Sinne entspricht diese Regel von Rawls nicht dem, was man gemeinhin unter „Verteilungsgerechtigkeit" fasst, denn diese Idee bedeutet im ökonomischen Sinne stets eine Umverteilung, während Rawls von einer bestimmten Grundverteilung ausgeht.

Überträgt man diese Vorstellung auf praktische Gerechtigkeitspolitik, so kann man ex-ante und ex-post-Konzepte voneinander unterscheiden. Es gibt also eine stärker vorsorgende und eine stärker nachsorgende Gerechtigkeitspolitik. Die Idee der Chancengerechtigkeit beruht darauf, gleiche Ausgangsbedingungen sicherzustellen, bevor der Markt mit seinem Leistungsprinzip die Güter und

Einkommen ungleich verteilt.[1] Die Idee der Verteilungsgerechtigkeit hingegen verlässt sich darauf, erst nachträglich die Verteilung von Gütern und Einkommen zu verändern.

Auch wenn diese beiden grundlegenden Vorstellungen analytisch getrennt werden können, so sind sie in der Realität mehrfach miteinander verflochten. In vielen Bildungssystemen mag die Chancengerechtigkeit im Vordergrund stehen. Doch wenn Bildung vorrangig über Steuern finanziert wird, kommt auch die Verteilungsgerechtigkeit hinzu.

Will man Armut verhindern oder verringern, so kann man ex-ante die Bildungschancen verbreitern und ex-post Sozialhilfe zahlen. Beides fließt in der Realität zusammen. Allerdings können die Prioritäten unterschiedlich verteilt sein. In den USA sollen in erster Linie die Bildung und der Arbeitsmarkt dafür sorgen, dass Menschen sich ihre Existenz eigenständig sichern können. Die nachträgliche Linderung von Armut durch Sozialhilfe fällt hingegen wesentlich bescheidener und lückenhafter aus als in den meisten anderen westlichen Demokratien. In Deutschland – das ist nicht erst seit der Veröffentlichung der PISA-Studie klar – sind die Prioritäten eher umgekehrt.

Neben der Chancen- und Verteilungsgerechtigkeit, die beide gegenwartsbezogen sind, macht seit geraumer Zeit auch noch das Konzept der Generationengerechtigkeit von sich reden. Man könnte es als Chancengerechtigkeit der Zukunft begreifen. In der Umweltpolitik machte lange das unschöne Wort von der „Nachhaltigkeit" die Runde, das im Grunde in der Idee der Generationengerechtigkeit nachhallt.

Generationengerechtigkeit bedeutet, dass heutige Entscheidungen die Chancen und Ressourcen künftiger Generationen nicht systematisch verschlechtern sollen. Generationengerechtigkeit heißt also, das Chancen- und Verteilungsgerechtigkeit in die Zukunft verlängert werden müssen. Das kann bedeuten, dass heutige Maßstäbe in der Zukunft nicht mehr funktionieren und deshalb auch in der Gegenwart geändert werden müssen. Generationengerechtigkeit wird jedoch in allen Demokratien am ehesten vernachlässigt. Schließlich ist Politik kurzfristig orientiert, weil auch wir Wählerinnen und Wähler in der Regel kurzfristig denken. Generationengerechtigkeit ist daher ein Kriterium, das in Demokratien eher von Institutionen wie Gerichten oder den Medien eingefordert wird, die nicht nach dem Mehrheitsprinzip funktionieren.

---

[1] In diesem Beitrag wird nicht der Begriff der „Teilhabegerechtigkeit" verwendet, der manchmal synonym mit Chancengerechtigkeit, manchmal aber auch breiter benutzt wird (vgl. Kocka 2003). Teilhabegerechtigkeit ist jedoch ein schwieriger Begriff, da er unterschlägt, dass jemand auch selbst aktiv werden muss, sobald Chancen gerecht verteilt sind. Teilhabe kann nur eine Mischung aus Chancen und Anstrengungen sein. Da die Anstrengungen aber nicht Gegenstand der Gerechtigkeitspolitik sein können, ist der politisch-programmatische Begriff der Teilhabegerechtigkeit m.E. irreführend. Er sollte nicht ohne Not den bewährten Ausdruck der Chancengerechtigkeit ablösen.

In der Praxis wird die Frage der Generationengerechtigkeit neben dem Umweltschutz vor allem auf die Frage der öffentlichen Verschuldung sowie auf die Krise der Alterssicherung bezogen. Viele Experten gehen davon aus, dass dieses Konzept sogar die soziale Gerechtigkeit als Schlüsselbegriff ablösen wird (vgl. Tremmel 2005). Generationengerechtigkeit ist *per definitionem* vorsorgende Gerechtigkeitspolitik. Die konkrete politische Interpretation von Generationengerechtigkeit ist jedoch offen. So meinen die einen, dass die öffentliche Verschuldung den Spielraum künftiger Generationen einenge. Andere wiederum behaupten, wenn mit Schulden sinnvolle Infrastruktur aufgebaut werde, liege dies ebenfalls im Interesse nachfolgender Generationen.

Hier ist nicht der geeignete Platz, um die logische Schlüssigkeit und normative Überzeugungskraft solcher Konzepte zu überprüfen. Vielmehr soll deutlich werden, welche unterschiedliche Rolle die drei Ideen der Verteilungs-, der Chancen- und der Generationengerechtigkeit in einzelnen Politikfeldern und Ländern spielen. Die wesentlichen Politikfelder sind dabei die Arbeitsmarktpolitik, die Bildungspolitik, die Familienpolitik, die Gesundheits- sowie die Armutspolitik. Die Steuerpolitik wird als eigenständiges Politikfeld ausgelassen, da es in ihr ausschließlich um Verteilungsgerechtigkeit geht. In diesem Beitrag steht aber das Verhältnis von Chancen- und Verteilungsgerechtigkeit im Vordergrund.

3 Der Arbeitsmarkt: generalüberholter Motor der Gerechtigkeitspolitik?

Zeichnet sich in Europa ein Trend zu vorsorgender Gerechtigkeitspolitik ab? Diese zaghafte Vermutung lässt sich am ehesten am Arbeitsmarkt bekräftigen. Es liegt eine gewisse Ironie darin, dass in den 90er Jahren ausgerechnet sozialdemokratische Regierungen quer durch den Kontinent einen Paradigmenwechsel eingeleitet haben, von dem noch zu sprechen sein wird. Bis dahin hatten Regierungen jedweder Couleur darauf vertraut, dass der wirtschaftliche Strukturwandel über die Systeme der sozialen Sicherung abgefedert werden könne. Öffentliches Geld sollte den Mangel an privat erzielbaren Einkommen ausgleichen. In Regionen wie dem Ruhrgebiet gelang es damit, einen durchaus beachtlichen und schmerzhaften Anpassungsprozess anzuschieben, der aber noch lange nicht beendet ist.

Doch die beabsichtigten und unbeabsichtigten Konsequenzen dieser Strategie waren vielerorts die gleichen. Ganze Generationen von Beschäftigten wurden in den Vorruhestand geschickt; Spitzenreiter dieser Entwicklung waren lange Zeit die Niederlande, die daher damals auch als der „kranke Mann" Europas dastanden. Die Wirklichkeit in den meisten anderen europäischen Ländern sah allerdings nicht viel anders aus. Steigende Ausgaben trieben die Sozialbeiträge nach oben und machten vor allem wenig qualifizierte Arbeit zu teuer.

Diese europäische Version nachsorgender Gerechtigkeitspolitik drückte die Erwerbsquote allmählich nach unten. Dies wurde vom akademischen Diskurs keineswegs kritisiert, sondern eher visionär begleitet. „Alternativen der Erwerbsarbeit" und „Grenzen des Wachstums" wurden der Öffentlichkeit verkauft. Auch die Nachbeben der Ölkrise hallten hier noch nach.

Die USA wurden in den 70er und 80er Jahren noch viel stärker von der Wirtschaftskrise erwischt. Es ist fast schon vergessen, das noch in den 80er Jahren das deutsche Wirtschaftsmodell – kooperative Arbeitsbeziehungen, qualifizierte Facharbeit sowie ein ausgebautes Sozialstaatsmodell – den Amerikanern von Amerikanern zur Nachahmung empfohlen wurde (vgl. Piore/Sabel 1989). Der amerikanische Arbeitsmarkt stotterte und die öffentlichen Finanzen gerieten aus dem Ruder. Die Arbeitslosenquote war hoch, die Wachstumsquote niedrig.

Den USA standen weder ein umfassender Sozialstaat noch eine kollektive Kraftanstrengung von Unternehmen und Gewerkschaften zur Verfügung. Was stattdessen ablief, war ein beispielloser Restrukturierungsprozess der amerikanischen Wirtschaft, um die Wettbewerbsfähigkeit zu verbessern. Geradezu exzessiv verlegten sich die Unternehmen auf das „downsizing", was in aller Regel den Rausschmiss großer Teile der Belegschaft bedeutete. Zwar haben auch europäische Unternehmen ähnliche Strategien verfolgt. Doch zurzeit drängt sich der Verdacht auf, dass diese Phase des „downsizing" jetzt erst so richtig in der Alten Welt begonnen hat, während die Neue Welt das Schlimmste schon hinter sich hat. Auch das mag ein Grund für die aufgeregte Kapitalismus-Diskussion in Deutschland sein.[2]

Für die Frage der Gerechtigkeitspolitik ist aber ein anderer Aspekt wichtig. Entgegen einiger Erwartungen haben die USA inzwischen wieder eine hohe Erwerbs- als auch eine relativ niedrige Arbeitslosenquote erreicht. Natürlich können diese Zahlen leicht als Mythen entschleiert werden. Denn es ist richtig, dass sich dahinter sowohl viele arbeitende Arme als auch arbeitslose Häftlinge verbergen, die nicht mitgezählt werden. Auch viele andere Kritikpunkte sind berechtigt.

Ist also das amerikanische Verständnis von vorsorgender Gerechtigkeitspolitik, das in seinen Grundsätzen immer stärker in Europa kopiert wird, nicht eine Mogelpackung? Die Pointe des amerikanischen Arbeitsmarktes ist eine andere (vgl. Streeck 2004). In den USA hielten die Eliten wie auch breite Teile der Bevölkerung stets daran fest, dass Erwerbsarbeit das zentrale Prinzip sei, wonach

---

[2] Die Motivation für Massenentlassungen war natürlich in den USA eine andere. Dort wollten die Unternehmen wieder rentabel werden, in Deutschland müssen größtenteils rentable Unternehmen eine größere Rendite erwirtschaften, um den Zufluss von Fremdkapital zu sichern.

sich die Chancen in einer Gesellschaft verteilen. Diesen Pfad hatten die Europäer in den 80er Jahren verlassen. Es waren Sozialdemokraten, die als Arbeiterparteien immer schon eine widersprüchliche Beziehung zur Erwerbsarbeit hatten, die die Marschrichtung wieder änderten und damit den erwähnten Paradigmenwechsel vorbereiteten.

An der Spitze standen die Niederländer, deren Erwerbsquote durch Frühverrentung und – auch das scheint vergessen zu sein – eine nur geringe Zahl berufstätiger Frauen so weit geschrumpft war, dass dies nicht mehr finanzierbar schien. Das, was durch den sozialdemokratischen Premier und früheren Gewerkschaftschef Wim Kok in den Niederlanden auf den Weg gebracht wurde, fand bald einige Nachahmer (vgl. Heinze u.a. 1999). Zugespitzt und eher karikiert fand sich dieser Schwenk in der Formel „Jede Arbeit ist besser als keine!" wieder.

Tatsächlich scheint diese Grundmelodie auch in den jüngsten Arbeitsmarktreformen der Bundesrepublik zu erklingen. Eine hohe Erwerbsquote ist inzwischen ein erklärtes Ziel, um die Wertschöpfung und das dringend benötigte Wachstum anzukurbeln. Denn auch die Wachstumskritik ist weitgehend verstummt. Das liegt unter anderem daran, dass kein Sozialstaat auf Dauer ohne Wachstum finanzierbar ist.

Es scheint, als sei eine Periode des Postmaterialismus – die gerade den Grünen ihr ganz eigenes Wachstum beschert hat – endgültig in Europa zu Ende gegangen. Für die Gerechtigkeitspolitik hat dies bedeutende Konsequenzen.

Denn nicht nur in der Arbeitsmarktpolitik, sondern in vielen anderen Politikfeldern fordern Experten und politisch Verantwortliche inzwischen eine Art Lackmus-Test für die Erhöhung der Beschäftigung. Eine „Vorfahrtsregel für Arbeit" hat dies Bundespräsident Horst Köhler genannt, was zugleich eine ziemlich unverhohlene Absage an einige Projekte des Postmaterialismus war. Gerecht ist also, was Arbeit schafft, da Arbeit neben Bildung die zentralen Chancen für ein freies und selbst bestimmtes Leben verteilt. Nicht jede Arbeit ist gut, doch es geht in der Gerechtigkeitspolitik eben nicht primär um das Gute, sondern um das Gerechte.

Betrachtet man die Erwerbsquoten, so schneidet Deutschland im Vergleich mit anderen Ländern nicht besonders gut ab. Seit 1990 sind mit leichten Ausschlägen nach oben rund 64 Prozent aller Erwerbsfähigen auch erwerbstätig (vgl. OECD 2004a). Mit dieser Quote liegt Deutschland im Mittelfeld, während in Ländern wie Dänemark, Großbritannien, Schweden oder Holland die Erwerbsquote fast zehn Prozent höher liegt.

Bei der Frauenerwerbsquote hat Deutschland durchaus aufgeholt (dank immer noch höherer Erwerbsquoten ostdeutscher Frauen). 1990 haben nur 52,2 Prozent aller erwerbsfähigen Frauen gearbeitet, während es im Jahr 2003 immerhin 58,7 Prozent waren. Der Abstand zur Erwerbsquote der Männer – die in

Deutschland eben auch niedriger ist als in den erwähnten Ländern – beträgt damit etwas mehr als zehn Prozent. Dies ist kein wesentlich größerer Abstand als in Ländern mit höherer Frauenerwerbsquote. Allerdings sagt diese Quote nichts über die Arbeitsverhältnisse und die damit erzielten Einkommen von Frauen im Vergleich zu Männern aus.

Definiert man Chancengerechtigkeit jedoch allgemeiner als Zugang zum Arbeitsmarkt, so haben die Frauen inzwischen zwar bessere Chancen, doch insgesamt bleibt die Erwerbsquote relativ niedrig. Geschlechtergerechtigkeit scheitert nicht selten am Arbeitsmarkt. Das ist auch deshalb problematisch, weil mit einer höheren Erwerbsquote häufig auch höhere Wertschöpfung und damit Wachstum verbunden ist.

Das neben einer hohen Erwerbsquote entscheidende Gerechtigkeitskriterium ist die Quote der Langzeitarbeitslosigkeit. Bekanntermaßen ist dieser Wert der eigentliche Makel in Deutschland. Im Jahr 2003 lag die durchschnittliche Quote an Langzeitarbeitslosen (12 Monate und länger arbeitslos) im OECD-Raum bei 30,1 Prozent, in Deutschland aber bei 50 Prozent aller Arbeitslosen. Damit liegt Deutschland auch im unteren Drittel aller EU-Mitgliedsstaaten (vgl. OECD 2004a).

Bei zwei entscheidenden Kriterien für Chancengerechtigkeit schneidet Deutschland also eher schlecht ab. Die politische Herausforderung für eine Gerechtigkeitspolitik, die auf hohe Erwerbsquoten und geringe Langzeitarbeitslosigkeit setzt, liegt jedoch in ihrer Widersprüchlichkeit.[3] Hohe Erwerbsquoten sind nicht zu haben ohne einen Sockel leicht zugänglicher, gering qualifizierter und auch eher schlecht bezahlter Jobs. Diese sind gerade in Deutschland Mangelware, da die Lohnnebenkosten bei geringer Produktivität massiv zu Buche schlagen (vgl. Heinze/Streeck 2000). Auch die Spaltung des Arbeitsmarktes in Insider und Outsider wird wohl nur zu überwinden sein, wenn Menschen wieder viel leichter reinkommen, allerdings auch schneller wieder rausfliegen können. Deregulierung der Arbeitsmärkte und eine weitere Lockerung des Kündigungsschutzes können also kompatibel sein mit Gerechtigkeitspolitik.

Problematisch an diesem Paradigma ist allerdings, dass sich die Zusammenhänge nicht immer so eindeutig nachweisen lassen, wie Politiker, aber auch einige Experten dies suggerieren. Bislang ist wissenschaftlich weder zwischen der Höhe der Lohnnebenkosten und der Arbeitslosenquote noch zwischen dem Kündigungsschutz und der Arbeitslosenquote eine wirklich überzeugende Beziehung nachgewiesen worden, auch wenn Ökonomen das immer wieder behaupten. Dennoch gibt es überwältigend viele Indizien und natürlich ist die psychologische Wirkung auf Investoren positiv.

---

[3] Vgl. zur Widersprüchlichkeit jüngerer Arbeitsmarktentwicklungen auch Strünck 2004b.

Ein besserer Zugang zum Arbeitsmarkt gilt als Kernstück vorsorgender Chancengerechtigkeit. Ausreichende Lohnersatzleistungen im Fall von Arbeitslosigkeit werden hingegen der Verteilungsgerechtigkeit zugerechnet. Mehr und mehr konzentrieren sich politische Programme jedoch auf die Frage des Zugangs zum Arbeitsmarkt, weil hier die wesentlichen Gerechtigkeitslücken klaffen, die durch Arbeitslosengeld gar nicht geschlossen werden können.

Ein solches Konzept der Arbeitsmarktpolitik hat in den meisten Ländern parteiübergreifend an Gewicht gewonnen. Mit einer stärkeren Deregulierung des Arbeitsmarktes sollen auch stärkere Chancen für jüngere Erwerbstätige verkoppelt sein. Die Vorstellung von Generationengerechtigkeit blitzt hier auf. Möglicherweise haben die deutschen Gewerkschaften auch deshalb unter Jugendlichen einen so schlechten Ruf, weil man ihnen ankreidet, in erster Linie die Interessen der Insider zu vertreten.

Am Beispiel des Arbeitsmarktes lässt sich auch zeigen, dass Generationengerechtigkeit immer aus der Perspektive verschiedener Generationen betrachtet werden muss. Denn parallel zur Erhöhung der Erwerbsquote, was als Ziel einen neuen Konsens der Eliten darstellt, lehnen die gleichen Eliten die Frühverrentung als Ausweg mittlerweile einhellig ab (vgl. Niejahr 2004). Sie tun das aber nicht nur aus finanziellen Gründen. Ein wesentliches Argument dabei ist, dass ältere Arbeitnehmerinnen und Arbeitnehmer nicht automatisch weniger produktiv seien und sie nicht systematisch aus dem Arbeitsmarkt ausgeschlossen werden dürften. Auch dies ist ein Argument der Generationengerechtigkeit.

Das neue Verständnis von Arbeitsmarktpolitik betont zugleich sehr stark die Chancengerechtigkeit und weniger die Verteilungsgerechtigkeit. Es wäre im Fall der Arbeitslosenversicherungen zum Beispiel verteilungsgerechter, die aktive Arbeitsmarktpolitik ausschließlich über Steuern zu finanzieren, was in einigen Wohlfahrtsstaaten wie Dänemark oder Schweden der Fall ist. Doch die Fixierung auf Geldleistungen als Instrument der passiven Arbeitsmarktpolitik hat sich gerade auch in Deutschland stark gelockert. Stattdessen soll es das Ziel einer aktivierenden Arbeitsmarktpolitik sein, allen einen Zugang zum Arbeitsmarkt zu ermöglichen und Langzeitarbeitslosigkeit zu vermeiden, auch wenn das die Absenkung von Sicherungsstandards bedeuten kann.

Eine solche Auffassung von vorsorgender Gerechtigkeitspolitik auf dem Arbeitsmarkt muss nicht nur mit schwer vermittelbaren Widersprüchen zurechtkommen. Sie hat wie jede Form der Prävention auch den Nachteil, eher mittelfristig und wenig sichtbar zu wirken. Das ist bei nachsorgender Gerechtigkeitspolitik in der Regel anders: der Nutzen ist schnell zu sehen, die Kosten zeigen sich erst später. Nachteile prägen im Übrigen auch ein anderes Politikfeld, das ebenfalls wieder viel stärker in den Blickpunkt der Öffentlichkeit geraten ist: die Bildung.

4 Die Bildung: Treibstoff der Gerechtigkeitspolitik?

Die PISA-Studie hat die Deutschen aus einem Schlaf der (Selbst-)gerechten gerüttelt. Das schockierendste Ergebnis war, dass der Bildungserfolg von Kindern offenbar viel stärker vom sozialen Status der Eltern abhängt, als es in anderen Ländern der Fall ist, was die meisten hierzulande niemals geglaubt hätten.

Gerade PISA hat einen neuen Prüfstein für Gerechtigkeitspolitik aufgestellt. Stärker noch als die Debatte um Erwerbsquoten und Langzeitarbeitslosigkeit lenkt die OECD-Studie den Blick auf die Vorsorge. Auch die kognitiven Entwicklungsfähigkeiten von Kleinstkindern werden in der Familienpolitik inzwischen stärker wahrgenommen (siehe nächstes Kapitel). Das „Recht auf gute Bildung" hatte Franklin Roosevelt in seine berühmte Regierungserklärung von 1944 aufgenommen, mit der er eine zweite Bill of Rights einforderte. Seitdem haben in den USA auch die finanziellen Anstrengungen der öffentlichen Hand zugenommen, in Bildung zu investieren.

Allerdings lautet die Botschaft der PISA-Studie – deren Botschaften natürlich je nach politischem Standort der Interpreten so unterschiedlich sind wie die Leistungsfähigkeit von Schülern –, dass es nicht nur um Bildungsausgaben geht. Hier rangiert die Bundesrepublik weiterhin hinter einer Reihe von Industrieländern. 2001 gab die Bundesrepublik 4,3 Prozent des Bruttoinlandsprodukts für Bildung aus, deutlich weniger als die skandinavischen Länder Schweden, Dänemark und Norwegen, die alle rund 6,5 Prozent in Bildung investierten (vgl. OECD 2004b). Der Vergleich von Bildungsausgaben ist allerdings etwas irreführend, da zum Beispiel die Ausgaben für das deutsche duale Berufsbildungssystem in den OECD-Daten nicht berücksichtigt werden. Der Vergleich aggregierter Daten ist daher mit Vorsicht zu genießen.

Wichtig ist die Frage, wo Bildungspolitik gleiche Bedingungen schaffen und wo sie Unterschiede fördern sollte. Nach der individualistischen Theorie der Verteilungsgerechtigkeit gibt es verdiente und unverdiente Unterschiede zwischen Menschen. Gerechtigkeitspolitik müsste demnach unempfindlich für Begabung, aber empfindlich für Leistungen sein, also die Ungleichheit durch Begabung kompensieren, jedoch Ungleichheiten durch Leistung hinnehmen (vgl. Kersting 1999).

Gerechtigkeitspolitik in Form von Bildung zählt allerdings nicht zur klassischen (Um)-verteilungspolitik, auch wenn die Metapher von der Chancenverteilung dies nahe legt. Bildungspolitik schafft Bedingungen dafür, dass Menschen später Einkommen und Güter erwirtschaften können, welche wiederum die Grundlage für Umverteilung sind. Bildung ist somit ein typisches Beispiel für die Idee der Chancengerechtigkeit.

Dennoch wird die Messlatte der Verteilungsgerechtigkeit gerade an die Bildung angelegt. Denn Begabung – so vermuten nicht wenige – ist in den meisten Fällen keine individuelle Veranlagung, sondern der Einfluss bildungshungriger Eltern und das Ergebnis günstiger sozialer Lebensumstände. Selbst wenn Begabung von sozialen Faktoren relativ unabhängig sein sollte, was der Begriff zumindest auch bedeutet, ist die Bildungspolitik stets damit konfrontiert, dass elementare Chancen bereits unterschiedlich verteilt worden sind: entweder genetisch oder sozial. In der Praxis wäre es ziemlich müßig, die Ursachen unterscheiden zu wollen, wenn das Ergebnis doch zunächst das gleiche ist: Die einen haben viel Talent, die anderen weniger.

Nicht nur müßig, sondern unmöglich ist es, Leistung von Begabung praktisch zu unterscheiden. Was kann jemand aus eigener Kraft und eigenem Willen leisten und wann profitiert jemand bei seinen Leistungen von seiner Begabung? In Wirklichkeit sind beide unentwirrbar miteinander verknäult. Analytisch lassen sich Begabung und Leistung auseinander halten, doch als Maßstab für eine Gerechtigkeitspolitik taugt diese Differenzierung nicht. Es ist unsinnig, von gleicher Leistungsfähigkeit auszugehen, zugleich aber die Chancengleichheit gewährleisten zu wollen. Hier tut sich das Grunddilemma der Bildungspolitik auf. Mit diesem Dilemma gehen Regierungen allerdings auf verschiedene Weise um.

Neben den Investitionen fallen die Schulformen oft ins Auge, weil sie ähnlich wie Bildungsausgaben noch relativ einfach erfassbar sind. Die meisten Länder bevorzugen Gemeinschaftsschulen, die aber sehr unterschiedlich aufgebaut sein können (vgl. Schümer u.a. 2004). Auch die USA sind mit ihren Highschools geprägt vom Prinzip der Gemeinschaftsschule. Zugleich besitzen dort private Schulen jedoch ein wesentlich größeres Gewicht als in den meisten kontinentaleuropäischen Ländern. Die skandinavischen Länder setzen schon lange auf Gemeinschaftsschulen, allerdings nicht in erster Linie aus programmatischen Gründen. Denn in dünn besiedelten Gegenden ist es gar nicht finanzierbar, verschiedene Schultypen anzubieten.

Schultypen sind ein Thema der Gerechtigkeitspolitik, weil sie einen Einfluss darauf haben, wann und wie stark Schüler nach ihrem Leistungsniveau gruppiert werden, wann und wie kräftig also ausgesiebt wird. Die Bildungsforschung hat keinerlei Hinweise darauf, dass es hier ein Patentrezept gäbe, das den schwächeren wie auch den stärkeren Schülern gleichermaßen gerecht würde (vgl. Schümer u.a. 2004). Dennoch behaupten Bildungspolitiker unterschiedlicher Überzeugung und Herkunft stets genau dies.

Der vermeintlich enge Zusammenhang zwischen Schultyp und durchschnittlichem Leistungsniveau der Schüler lässt sich jedoch statistisch nicht nachweisen, auch nicht mit den Ergebnissen der PISA-Studie. Schultypen sind trotzdem immer noch der entscheidende Maßstab für Gerechtigkeitspolitik im

Bildungssystem, obwohl vielen Experten inzwischen dämmert, dass der Unterricht und seine Qualität der entscheidende Faktor ist, den die Bildungspolitik aber nur mittelbar beeinflussen kann.

Auch hier unterscheiden sich Länder ganz erheblich voneinander. Länder mit reinen Gemeinschaftsschulen wie Finnland setzen zugleich auf eine sehr starke Differenzierung von Kursen und auf möglichst individuelle Förderung.

Je nach Land kommen neben Schul- und Unterrichtsform allerdings noch andere Faktoren hinzu, etwa die Finanzierung der jeweiligen Schulen. In den USA stammen deren Einnahmen hauptsächlich aus lokalen Steuern. Auch die Gehälter der Lehrer sind daran gekoppelt und variieren entsprechend. Die Wahrscheinlichkeit, dass eine Schule vermögend ist, hängt maßgeblich davon ab, in welchem Stadtteil sie liegt. Diese Zusammenhänge stellen die zentrale Herausforderung in den USA dar. Die aufgeregte Diskussion über das *busing*, wodurch Kinder aus armen Stadtteilen an Schulen in reicheren Distrikten transportiert wurden und werden, hat genau in diesem Problem ihre Wurzel. Das Leistungsprinzip wird durch die amerikanische Art der Schulfinanzierung deutlich über das Begabungsprinzip gestellt.

Auch im Hochschulbereich wirken unterschiedliche Formen der Gerechtigkeitspolitik. Die ethnischen Quotierungen an amerikanischen Universitäten – als *affirmative action* eine der großen Gerechtigkeitsdebatten der USA – gelten als Kompensation dafür, dass die Aufnahmeprüfungen nicht nur die Leistungsfähigkeit, sondern auch die Ungleichheit von Chancen widerspiegeln. An den unterschiedlichen Lebensbedingungen ändert dies zwar nichts, doch der Zugang zu Bildungsinstitutionen soll gewährleisten, dass sich Begabung unabhängig von vorigen Leistungen entfalten kann.

Auch an den Hochschulen hängt die Bildungspolitik mit der Finanzierung eng zusammen. Deutschland machte bislang mit einigen wenigen anderen Ländern eine Ausnahme, indem es für das Erststudium keine regulären Studiengebühren verlangte. Mit der Aufhebung des Verbots von Studiengebühren zeichnet sich aber ab, dass mehr und mehr Bundesländer reguläre Studiengebühren einführen werden, wenn auch auf geringerem Niveau als andere Staaten.

In der Europäischen Union ragen momentan Großbritannien und die Niederlande heraus. Während britische Studierende mit inzwischen bis zu 2500 Euro pro Semester (allerdings abhängig vom Elterneinkommen) die höchsten Studiengebühren in Europa zahlen, sind es in den Niederlanden mit 1220 Euro nur geringfügig weniger. In den Niederlanden wird jedoch ein elternunabhängiges Darlehen für den Lebensunterhalt gewährt. Nur eine Minderheit von Mitgliedsstaaten der EU verlangt keine Studiengebühren.

Was bedeuten Studiengebühren aber für die Gerechtigkeitspolitik? Schon seit langem weisen beinahe alle Bildungsökonomen darauf hin, dass eine rein steuerliche Finanzierung des Studiums ohne private Beteiligung gegen elementare Maßstäbe der Verteilungsgerechtigkeit verstoße. Akademiker verdienen im Durchschnitt deutlich mehr als Nicht-Akademiker. Allein dieser Vorteil müsse durch einen Eigenanteil der Studierenden ausgeglichen werden.

Die mittlerweile sehr differenzierte Debatte kann hier nicht nachgezeichnet werden (vgl. Schwarz/Teichler 2004). Zwei Punkte sind aber für die Gerechtigkeitspolitik entscheidend. Zum einen wird international wie auch in Deutschland nur noch von wenigen Experten und Parteien bestritten, dass eine reine Steuerfinanzierung der Universitäten verteilungsungerecht sei, abgesehen davon, dass die Universitäten chronisch unterfinanziert sind. Zum anderen jedoch ist die Chancengerechtigkeit stärker noch als bisher gefährdet, sollten Studiengebühren nicht auf der Basis eines ausgefeilten Kreditfinanzierungssystems eingeführt werden.

Denn schwerer als ökonomische Argumente wiegen die soziologischen. Es ist bekannt, dass Jugendliche aus bildungs- und einkommensschwachen Schichten verstärkt dem Druck ausgesetzt sind, möglichst früh selbst Geld zu verdienen. Soziale Kontrolle und Normen schrecken diese Jugendlichen häufig ab, das Abitur abzulegen und zu studieren. Studiengebühren könnten diesen Effekt noch verstärken, wenn sie nicht bestimmte Umverteilungsmechanismen bei der Kreditfinanzierung enthalten.

Als Tony Blair im Jahr 2004 die Studiengebühren anhob, wurde ihm dieses Argument in seiner Partei vorgehalten, obgleich es soziale Beihilfen und Mindesteinkommen für die Rückzahlung gibt (vgl. Krönig 2004). Tatsächlich wird die Chancengerechtigkeit durch Studiengebühren nicht erhöht. Sie kann sogar verringert werden, wenn die Abschreckungswirkung zu stark ist. Die Verteilungsgerechtigkeit steigt jedoch, wenn Hochschulen nicht nur aus Steuermitteln finanziert werden.

Das Prinzip der Generationengerechtigkeit kommt hier auf Umwegen ins Spiel. Angesichts knapper öffentlicher Finanzen würde die Infrastruktur weiter verkommen, könnten die Universitäten nicht auf zusätzliche Mittel vertrauen. Doch die so sehr betonte Chancengerechtigkeit ist in Schulen und Hochschulen möglicherweise ein vergebliches politisches Ziel, glaubt man den jüngeren Erkenntnissen der Bildungsforschung. Schließlich wird über die kognitiven Fähigkeiten von Menschen schon viel früher entschieden.

5 Die Familie: das Bermuda-Dreieck der Gerechtigkeitspolitik?

Nicht nur in der Arbeitsmarktpolitik, auch in der Familienpolitik lassen sich erstaunliche Paradigmenwechsel feststellen. Gerade in Deutschland wäre es noch vor einiger Zeit undenkbar gewesen, die Geburtenrate ins Zentrum zu rücken, also eine natavistische Familienpolitik betreiben zu wollen, wie es französische und andere Regierungen schon lange tun. Soziale Gerechtigkeit im Sinne von Umverteilung zwischen Arm und Reich hat allerdings in der deutschen Familienpolitik bislang auch keine tragende Rolle gespielt: Kinderfreibeträge begünstigen die Besserverdienenden, und das Kindergeld wird nicht einkommensabhängig gewährt.

Gemessen am Kriterium der Generationengerechtigkeit ist dies durchaus vertretbar, denn Nachwuchs ist schließlich Nachwuchs. Die einkommensabhängige Förderung von Familien gehorcht nämlich dem Kriterium der Verteilungsgerechtigkeit, das man auch als sachfremd ablehnen kann, wenn es um die Bevölkerungsentwicklung geht. Ja, man kann sogar für eine stärkere Förderung bildungs- und einkommensstarker Schichten plädieren, da die Geburtenrate dort bekanntlich besonders niedrig ist.

Doch die Spannungen zwischen natavistischer und sozialpolitischer Familienförderung sollen hier nicht im Vordergrund stehen. Ein ganz anderer Aspekt der Familienpolitik berührt nämlich elementar die Chancengerechtigkeit, und zwar die Frage der organisierten Kinderbetreuung.

Ein Ausbau der Kinderbetreuung wird mit zwei zunächst unabhängigen Zielen begründet. Zum einen heißt es, solche Möglichkeiten würden den Anreiz erhöhen, Kinder zu bekommen, da sowohl Männer als auch Frauen dadurch Familie und Beruf besser vereinbaren könnten. Zum anderen ginge es aber auch darum, die Gleichstellung von Männern und Frauen zu erreichen, da Frauen mit Kindern ganz generell schlechtere Berufschancen hätten (vgl. Strünck 2004a).

Es gibt jedoch noch einen weiteren Aspekt, der auf Chancengerechtigkeit unter Kindern abhebt. Die Kinderbetreuung ermöglicht es nicht nur, Familie und Beruf besser miteinander zu vereinbaren. Kleinstkinder können während der Betreuung ihre kognitiven Fähigkeiten wesentlich weiter entwickeln, wenn die Betreuung auf einem Bildungsverständnis fußt. Das ist bislang nicht in allen Ländern der Fall. In der Bundesrepublik zählt nur in Bayern die frühkindliche Betreuung zur Bildung und nicht zum Sozialsystem. In der Altersgruppe bis zu drei Jahren ist in Deutschland die Betreuung außerdem häufig schwächer ausgebaut als im Kindergartenalter, obwohl wesentliche Fähigkeiten schon vorher ausgebildet werden (vgl. Alber 2000).

Dieser lange Zeit unterschätzte Aspekt lenkt auch den Blick auf soziale Ungleichheit und Armut. Kinder, die in einem bildungsfernen Haushalt aufwachsen und wenig Anreize zur eigenen Entwicklung bekommen, könnten bei institutioneller Betreuung ihre späteren Lernchancen deutlich verbessern. Ansonsten bleibt das Risiko der „vererbten Armut" relativ hoch (vgl. Esping-Andersen 2003). Allerdings – und auch hier entsteht ein Dilemma – würde die Chancengerechtigkeit nur steigen, wenn ein solches Angebot verpflichtend wäre, egal, ob Vater und Mutter arbeiten. Allerdings wäre ein solcher Zwang – anders als die Schulpflicht – ein erheblicher Eingriff in die Familien und ließe sich nicht ohne weiteres durchsetzen.

Im internationalen Vergleich zeigen sich gerade in der Altersklasse bis zu drei Jahren deutliche Unterschiede zwischen den Ländern. Während so unterschiedliche Wohlfahrtsstaaten wie Frankreich und Schweden hier nahezu die gleichen Versorgungsgrade wie bei Kindergärten erreichen, liegt sie in Westdeutschland bei gerade einmal vier Prozent. In Ostdeutschland waren es im Jahr 2000 immerhin deutlich mehr als 30 Prozent (vgl. Kreyenfeld u.a. 2001).

Betrachtet man die Kinderbetreuung aus dem Blickwinkel der Gerechtigkeitspolitik, so verbinden sich hier Chancen- und Verteilungsgerechtigkeit. Die Bildungs- und Arbeitsmarktchancen von Kindern aus bildungsfernen Schichten wachsen im Durchschnitt, je mehr Angebote institutionalisierter Kinderbetreuung es gibt. Wirksam im Sinne von Chancengerechtigkeit sind sie aber nur dann, wenn einkommensschwache Eltern einen Ausgleich erhalten können. Nur so sinkt die Wahrscheinlichkeit, dass soziale Probleme wie Armut an die nächste Generation vererbt werden.

Dies ist elementar, da Armut nach wie vor die zentrale Herausforderung an Gerechtigkeitspolitik darstellt. Das umfassende Phänomen der „Bildungsarmut" (Allmendinger 1999) gerät gerade in Deutschland erst allmählich in den Blick. Eine Sozialpolitik, die auf Geldleistungen basiert, ändert an diesem elementaren Verstoß gegen die Chancengerechtigkeit gar nichts.

Letztlich bleibt aber der traditionelle Streit darüber, wie sehr die Politik überhaupt Familien und Kinder fördern kann. Selbst bei stärkerer Intervention des Staates entscheiden private Erziehung, *peer groups* und wirtschaftliche Aussichten noch immer wesentlich stärker über die Chancen von Kindern als staatliche Politik. Obwohl eine größere Chancengerechtigkeit im frühen Kindesalter womöglich am meisten bewirken könnte, lässt sie sich hier am schwierigsten erreichen.

6   Die Armut: Geld als Gerechtigkeitspolitik?

In wohlhabenden Industrieländern soll niemand arm sein müssen: Solche Sätze finden eine ähnlich starke Akzeptanz wie die solidarische Sicherung gegen Krankheit. Armut zu verhindern gehört zum Kernbestand jeder Gerechtigkeitspolitik. Gleichzeitig jedoch wird auch schnell der Verdacht geäußert, dass Sozialhilfe zu häufig missbraucht werde. Die Diskussion um Armut hat auch in Deutschland neue Wellen geschlagen, nicht erst seit dem letzten offiziellen Armutsbericht der Bundesregierung. Können sich Menschen wirklich aus Armut befreien oder bleiben sie darin stecken, vererbt sich Armut sogar von Generation zu Generation, innerhalb von Stadtteilen, zwischen ethnischen Gruppen?

An einer Vielzahl von Indikatoren gemessen, steht Deutschland hier eigentlich ganz gut da. Bei der akuten und der dauerhaften Gefährdung durch Armut liegen die Quoten mit 24 bzw. 9 Prozent einige Prozente unter dem europäischen Durchschnitt (vgl. Europäische Kommission 2003). Am kritischsten innerhalb der EU ist die Situation in Großbritannien, wo die Quoten mit 32 und mit 14 Prozent sehr hoch liegen. Doch selbst bei ausgefeilten Messinstrumenten, die auch die nicht-monetären Effekte von Armut erfassen, bleiben Zweifel, ob damit das Phänomen von Armut in Wohlstandsgesellschaften richtig abgebildet wird.

Der Historiker Paul Nolte hat der Politik vorgehalten, die Armut fälschlicherweise als einen Mangel an Geld zu betrachten (vgl. Nolte 2004). Daher glaube sie, Armut auch nur mit Geld bekämpfen zu können. Nolte hingegen erkennt eine „Kultur der Armut" und macht das unter anderem am Beispiel der Ernährung fest. Anders als noch in den letzten Jahrhunderten sei schlechtes Essen kein Zeichen, dass eine Familie ein zu geringes Haushaltseinkommen habe. Mit wenig Geld lasse sich mit heutigen Lebensmitteln gesund und ausreichend kochen. Dass Kinder aus armen Familien sich häufig schlecht ernährten, sei eher auf schichtspezifische Angewohnheiten wie die Begeisterung für Fast Food zurückzuführen. Armut ist nach Nolte also nicht in erster Linie das Produkt der *Verhältnisse*, sondern des *Verhaltens*.

Ein Blick in die USA zeigt allerdings, dass die Verhältnisse eben doch viel Einfluss auf das Verhalten haben. Die Verpflegung in Schulen müssen die Eltern bezahlen. Schulen in einkommensschwachen Gegenden greifen daher gerne auf das Angebot von Fast-Food-Ketten zurück, ihre Kantinen günstig zu betreiben (vgl. Schlosser 2002). Die Gewöhnung an Fast Food hat im amerikanischen Bildungssystem also durchaus etwas mit Einkommensarmut zu tun. Auch die starke Segregation in Wohnvierteln sorgt dafür, dass sich Verhaltensweisen einschleifen und Armut im Sinne von Chancenarmut zu einer Art Normalfall wird.

Nolte fast eigentlich nur die Ergebnisse der dynamischen Armutsforschung zusammen und spitzt sie auf die Erkenntnis zu, dass Armut nicht mit Geld bekämpft werden kann. Die Konsequenz für politisches Handeln wäre, weniger auf Geldzahlungen als auf Aktivierung, Erziehung und Bildung zu setzen, und natürlich auf eine verbesserte Integration in den Arbeitsmarkt. Wenn Armut verhindert werden soll, geht es stärker um Chancengerechtigkeit als um Verteilungsgerechtigkeit.

Tatsächlich lassen sich solche Prioritäten auch in der Armutspolitik und ihren Instrumenten beobachten. In den USA und Großbritannien sind die negativen wie positiven Anreize zu arbeiten sehr hoch. In den USA hat die Sozialhilfereform unter Bill Clinton dafür gesorgt, dass insbesondere allein erziehende Mütter nach dem Prinzip des Förderns und Forderns wieder stärker erwerbstätig sein können (vgl. Wilke 2002). Allerdings wächst damit auch unter ihnen der Zahl der *working poor*, die teilweise auch lange pendeln müssen und noch weniger Zeit für ihre Kinder haben (vgl. Hochschild 2002).

Ganz generell sind die Armutsquoten in den USA und Großbritannien weiterhin international an der Spitze. Eine forcierte Integration in den Arbeitsmarkt garantiert also nicht automatisch geringere Armut. Chancengerechtigkeit erschöpft sich nicht im Arbeitsplatz alleine. Doch auch Bildung – so zentral wie sie für eine vorsorgende Gerechtigkeitspolitik auch ist – bietet kein Allheilmittel.

Wenn Menschen aus unterschiedlichen Gründen – sei es wegen Krankheit, Behinderung oder widriger Lebensumstände – nicht von Qualifizierung profitieren können, sind sie auf einfache Arbeit angewiesen. Geringqualifizierte Arbeit gesetzlich so zu flankieren, dass man mit Arbeit nicht arm bleibt, haben verschiedene Länder mit Instrumenten wie einer negativen Einkommenssteuer oder Lohnkostenzuschüssen ausprobiert. Die Ergebnisse sind nicht eindeutig, doch in Deutschland herrscht ohnehin eine Sondersituation: Kaum ein anderes Land finanziert seine Sozialversicherung so stark über lohnbezogene Beiträge wie die Bundesrepublik. Das macht gering qualifizierte Arbeit teuer (vgl. Kapitel 3). Obwohl es einen Sektor gering qualifizierter Arbeit auch in Deutschland gibt, wäre das Angebot der Arbeitgeber bei einer anderen Finanzierung des Sozialstaats wahrscheinlich noch breiter (vgl. Otto-Brenner-Stiftung 2000).

Solange der deutsche Sozialversicherungsstaat jedoch weiterhin stark über Beiträge finanziert wird, lauern Armutsfallen, in die Menschen mit geringer Qualifikation tappen. Wenn Armut höchstens ein Durchgangsstadium bleiben soll, dann hängt Chancengerechtigkeit auch von Antworten auf die Frage ab, ob der Staat gering qualifizierte Arbeit fördern soll und kann.

Hilfe zur Selbsthilfe statt Almosen ist längst die Devise der Armutspolitik in modernen Wohlfahrtsstaaten, inzwischen gerne auch „Aktivierung" genannt. In einem anderen, sehr zentralen Bereich von Gerechtigkeitspolitik sind Menschen hingegen weiterhin stark auf fremde Hilfe angewiesen, nämlich wenn sie krank werden.

7 Die Gesundheit: Solidarität als Gerechtigkeitspolitik?

Gesundheit darf nicht am Geld scheitern: In kaum einem anderen Politikfeld herrscht so viel vordergründige Einigkeit über das, was gerecht ist, wie in der Gesundheitspolitik. Krankheit ist ein Schicksal, keine persönliche Schuld, und sie kann wirklich jeden ereilen. Dass gesunde Menschen sich daher finanziell an der Versorgung kranker Menschen beteiligen, findet praktisch jeder selbstverständlich.

Das ist auch ein Grund, warum die Bedeutung des Solidarprinzips in der Krankenversicherung in Umfragen immer noch unangefochten ist (vgl. Roller 2000). Gerechtigkeit in der Krankenversicherung heißt Umverteilung: vor allem von den Gesunden zu den Kranken, aber auch graduell von den Besserverdienenden zu den Schlechterverdienenden, und manchmal auch von Kinderlosen zu Familien.

Das funktioniert nur in großen Solidargemeinschaften, herbei gezwungen durch die Versicherungspflicht. Darum geißeln selbst starke Anhänger der privaten Krankenversicherung das amerikanische Modell, in dem mehr als 40 Millionen Menschen überhaupt keinen Schutz gegen Krankheit haben.

Lassen sich trotz dieser beinahe universellen Werte nicht auch unterschiedliche Maßstäbe für Gerechtigkeitspolitik im Gesundheitssystem erkennen? Zwei Fragen werden international durchaus unterschiedlich beantwortet: Was gehört zur medizinischen Grundversorgung und wie stark soll die Umverteilung zur Finanzierung des Gesundheitssystems sein?

Die Frage, was zur Basisversorgung gehört, ist eine verteilungspolitische und eine ethische. Sie ist verteilungspolitisch relevant, da die Grundversorgung in der Regel auch von großen Pflichtversicherungen finanziert wird. In ihnen ist die Umverteilungswirkung am größten. Soll aber wirklich für jede Krankheit Geld aus der Solidargemeinschaft geholt werden? Welche Krankheiten sind definitiv durch eigenes Verhalten verschuldet, welche unverschuldet?

Beinahe 80 Prozent der Krankheiten, die heutzutage behandelt werden, sind letztlich Zivilisationskrankheiten. Ihre Ursachen sind Bewegungsmangel, schlechte Ernährung und Rauchen. Immer mehr Kinder zeigen Symptome solcher Zivilisationskrankheiten. Kann dafür die Gesundheitspolitik die Hauptverantwortung tragen? Allein diese Daten machen klar, dass Umverteilung in einer Solidargemeinschaft nicht automatisch Gerechtigkeitspolitik ist.

Die Frage, was zur medizinischen Basisversorgung gehört, ist aber auch ethisch relevant. Denn die Antwort auf diese Frage entscheidet darüber, wer auf welche Gesundheitsgüter Anspruch erheben kann. Binden teure Operationen für Hochbetagte finanzielle Mittel, die an anderer Stelle fehlen, wo sie mehr Menschen helfen könnten? Ist es aus einer utilitaristischen Logik heraus nicht ethisch erforderlich, Gesundheitsgüter zu rationieren?

In Großbritannien, einem steuerfinanzierten und universalistischen Gesundheitssystem, ist die Rationierung ein ständiger Begleiter. Sie fällt aufgrund der Wartelisten und einer bürokratischen Mängelwirtschaft sehr stark ins Auge. Im deutschen Gesundheitssystem, das wesentlich stärker in einen ambulanten und einen stationären Sektor sowie in Facharztgruppen aufgesplittert ist, fällt die Rationierung hingegen weniger stark auf, obwohl es sie auch hierzulande gibt.

Hier werden in der Tat fundamentale Gerechtigkeitsfragen im philosophischen Sinne aufgeworfen, die nicht von Krankenkassenvorständen oder einem Gesundheitsministerium entschieden werden können. Das Ausmaß der Umverteilung, also die zweite wichtige Gerechtigkeitsfrage in der Gesundheitspolitik, wird jedoch sehr wohl von der Politik entschieden. Wer trägt finanziell zur Solidargemeinschaft bei und wo werden Grenzen eingezogen? In dieser Hinsicht gibt es klare Unterschiede in puncto Verteilungsgerechtigkeit zwischen einzelnen Ländern.

Kaum ein anderes Land, in dem eine gesetzliche Krankenversicherung existiert, leistet sich zusätzlich eine vollständige private Krankenversicherung wie die Bundesrepublik. Das hat natürlich zur Folge, dass der Solidargemeinschaft der gesetzlich Versicherten eine Reihe guter Risiken fehlt, die privat versichert sind. Ob eine Bürgerversicherung verteilungsgerechter, aber auch effizienter ist ohne ein paralleles Ziel – nämlich Wirtschaftswachstum – zu beeinträchtigen, kann hier nicht diskutiert werden (siehe dazu den Beitrag von Lauterbach in diesem Band).

Auf jeden Fall entscheiden Details wie Versicherungsgrenzen darüber, welche Idee von Verteilungsgerechtigkeit in der Gesundheitspolitik dominiert. Die so genannte Beitragsbemessungsgrenze ist daher weitaus mehr als ein versicherungstechnisches Prinzip. In ihr verbirgt sich wie in einer Nussschale das zentrale Legitimationserfordernis umverteilender Gerechtigkeitspolitik. Es stimmt, dass höhere Einkommen durch diese Grenze begünstigt werden. Schließlich erhalten sie die gleichen Gesundheitsleistungen für einen relativ geringeren Teil ihres Einkommens als diejenigen, die Beiträge von ihrem gesamten Einkommen zahlen müssen.

Es ist aber auch wichtig, dass es dieses Privileg gibt, weil damit gute Risiken an die gesetzliche Solidargemeinschaft gebunden werden. Allerdings gelten diese Argumente nur für getrennte Systeme wie in Deutschland. Ist die gesetzliche Krankenversicherung die einzige Vollversicherung, haben Beitragsbemessungsgrenzen keine Bedeutung.

Doch all diese Fragen stehen im Zeichen der Verteilungsgerechtigkeit. Viel weniger und viel seltener ist die Rede von der Chancengerechtigkeit im Gesundheitssystem. Das betrifft zum einen den Zugang zu Gesundheitsleistungen, es betrifft aber auch die ungleich verteilten Krankheitsrisiken (vgl. Lauterbach/Plamper 2004). Die standardisierten Vergleiche in der Gesundheitspolitik benutzen in der Regel Indikatoren wie Lebenserwartung, Säuglingssterblichkeit, Anteil der Gesundheitsausgaben am Bruttoinlandsprodukt sowie die Ärztedichte, um Effektivität und Effizienz eines Gesundheitssystems beurteilen zu können.

Die jüngsten Rankings der OECD demonstrieren, dass die USA weiterhin das meiste Geld für die Gesundheit ausgeben, doch nur über ein mäßig effektives und effizientes Gesundheitssystem verfügen. Auch Deutschland investiert nach den USA und der Schweiz mit mehr als zehn Prozent seines Bruttoinlandsproduktes sehr viel in Gesundheit, erreicht aber nur eine mittlere Versorgungsqualität (vgl. OECD 2004c). Die unterschiedlichen Zugangsmöglichkeiten und Krankheitsrisiken werden in solchen Rankings gar nicht erst erfasst.

In den USA, wo es bis auf Sonderinstitutionen wie Medicare für Rentner und Medicaid für Sozialhilfeempfänger keine gesetzliche Pflichtversicherung gibt, bleibt auch der Zugang beschränkt und selektiv. Zugleich ist der Gesundheitszustand von Menschen mit niedrigem Einkommen und bestimmter ethnischer Zugehörigkeit signifikant schlechter als im Durchschnitt. Vergleichbare Unterschiede gibt es aber auch in anderen Staaten (vgl. Siegrist 2000).

Die meisten Gesundheitssysteme sind stark auf die kurative, also auf nachsorgende Medizin ausgerichtet. Unabhängig davon, ob Prävention nun volkswirtschaftlich Kosten spart oder teurer ist, würde stärkere und gleich verteilte Vorsorge einen wesentlichen Beitrag zur Chancengerechtigkeit leisten. Das schließt im Übrigen die Eigenverantwortung stark mit ein. Die Einwände, die Paul Nolte gegen die offizielle Armutspolitik hat, gelten daher genauso für die etablierte Gesundheitspolitik.

8 Wohlfahrtsstaaten im Vergleich: unterschiedliche Wege zur Gerechtigkeitspolitik?

Der Wohlfahrtsstaat ist kein Garant für soziale Gerechtigkeit, auch wenn dieser Eindruck immer wieder entsteht. Gerechtigkeitspolitik – so wie sie im vorliegenden Beitrag skizziert wird – beschränkt sich darauf, Anreize zu setzen, Chancen zu verteilen und Entschädigungen anzubieten. In der Wohlfahrtsstaatsforschung hat man sich längst davon verabschiedet, hohe Sozialausgaben als Gütesiegel für Gerechtigkeit auszugeben.

Zwar betonen einige Theoretiker, gerade der Wohlfahrtsstaat sorge dafür, dass Menschen wirtschaftliche Anpassung akzeptierten und damit Freihandel und Wachstum erleichterten (vgl. Leibfried/Rieger 2001). Doch die kontraproduktiven Effekte real existierender sozialer Sicherung für die Gerechtigkeitspolitik werden immer offenkundiger. Zu diesen kontraproduktiven Effekten gehören ungleiche Arbeitsmarktchancen, eine Drosselung von Wirtschafts- und Beschäftigungswachstum sowie mangelnde Generationengerechtigkeit.

Sie fallen allerdings unterschiedlich aus, je nachdem, welchen Typus von Wohlfahrtsstaat man vor sich hat. Gerechtigkeitspolitik hat unterschiedliche

Gesichter. Wolfgang Merkel (2001) betont, dass die kontinentaleuropäischen, konservativen Wohlfahrtsstaaten, zu denen auch Deutschland zählt, zwei zentrale Defizite hätten. Zum einen sei – bis auf wenige Ausnahmen – die Bilanz auf dem Arbeitsmarkt wesentlich schlechter als in den angelsächsisch-liberalen oder sozialdemokratisch-skandinavischen Wohlfahrtsstaaten.

Zum anderen zeigten sich die konservativen kontinentaleuropäischen Wohlfahrtsstaaten zwar großzügig bei ihren Sozialleistungen und bekämpften relativ erfolgreich Armut. Doch damit liegt ihr Schwerpunkt auch bei den konsumptiven Ausgaben und weniger bei Investitionen wie etwa im Bildungsbereich. Merkel folgert aus diesem zweiten Defizit, dass dadurch die Generationengerechtigkeit verletzt würde, Aufstiegsmöglichkeiten sozial begrenzt seien und die nationalen Wirtschaftsstandorte leiden würden.

Hinter diesen Unterschieden verbergen sich auch verschiedene Normen der Gerechtigkeitspolitik. In den angelsächsisch geprägten Ländern dominiert das Leistungsprinzip, während die skandinavische Tradition die soziale Teilhabe hervorhebt. In den konservativen Wohlfahrtsstaaten hält man hingegen daran fest, dass Sozialleistungen den individuellen Lebensstandard widerspiegeln sollen.

Es stellt sich die offene Frage, welcher Typus für die ökonomischen und sozialen Herausforderungen an Gerechtigkeitspolitik am besten gewappnet ist. Laut Merkel sind es eher universalistische, steuerfinanzierte Sozialstaaten, in denen außerdem mehr Wert auf aktive Maßnahmen als auf passive Geldleistungen gelegt wird. Es ist unschwer zu erkennen, dass Deutschland nicht zu diesem Typus gehört, obwohl auch der deutsche Sozialstaat durch die stark gestiegenen Bundeszuschüsse zur Renten- und Arbeitslosenversicherung längst ein Steuer-Sozialstaat ist.

Die Kritik am deutschen Verständnis von Gerechtigkeitspolitik ist klar. Statt möglichst viel in Chancen- und Generationengerechtigkeit zu investieren, dominiert in Deutschland ein konsumptives Verständnis von Verteilungsgerechtigkeit. Allerdings sind der Umverteilung in Deutschland klare Grenzen gesetzt, was häufig übersehen wird. Die Betonung des Äquivalenzprinzips und der individuellen Lebensstandardsicherung bewirken, dass zwischen Personen gar nicht so stark umverteilt wird wie angenommen (vgl. Strünck 1999).

Die deutsche Sozialpolitik ist im Übrigen wesentlich stärker von den Christdemokraten als von der Sozialdemokratie geprägt worden. Denn wesentliche Elemente des Sozialstaatsmodells wie die dynamische Rentenversicherung, die Stärkung des Äquivalenzprinzips sowie die Förderung der privaten Krankenversicherung gehen auf die CDU zurück (vgl. Hockerts 1980).

Doch die Sozialversicherungen sichern längst nicht mehr den Lebensstandard, weder bei der Rente, noch in der Arbeitslosenversicherung. Der konservative deutsche Sozialstaat kann nur unter den Bedingungen von Vollbeschäftigung seine Versprechen einlösen. Gerade in Krisenzeiten gerät er selbst in die Krise.

Daher ist es verständlich, dass einige Experten die zentralen Gerechtigkeitslücken auf der Einnahmenseite sehen. Die logische Konsequenz ist, sich für Konzepte der Bürgerversicherung auszusprechen, um die Finanzierungsbasis zu verbreitern. Das zentrale Problem des deutschen Sozialstaats – die starke Koppelung von Erwerbsarbeit und sozialer Sicherung – bleibt allerdings bestehen.

Für die Gerechtigkeitspolitik zählt aber nicht nur die Höhe der Einnahmen, sondern auch die Art der Ausgaben. Kollektive Güter wie Bildung oder Kinderbetreuung stehen im deutschen Sozialstaat weniger im Mittelpunkt als individuell konsumierbare Sozialleistungen. Nachsorge rangiert vor Vorsorge. Diese Delle der Chancengerechtigkeit schränkt sogar die Verteilungsgerechtigkeit mit ein. Während Sozialleistungen nur von Unternehmen und Beschäftigten finanziert werden, speisen sich Kollektivgüter vor allem aus Steuermitteln.

Langfristig stellt diese Schieflage zwischen Geld- und Dienstleistungen sogar die Legitimation des Wohlfahrtsstaates in Frage. Für die Mittelschichten sind öffentliche Dienstleistungen attraktiver als Sozialleistungen. Der Verdacht von Missbrauch betrifft normalerweise auch nicht die Dienstleistungen, sondern die Geldleistungen. Eine stark auf Dienstleistungen ausgerichtete Gerechtigkeitspolitik wie in Skandinavien findet deswegen dauerhafte Unterstützung bei der Mittelschicht (vgl. Rothstein 1998). Und nur dann ist Gerechtigkeitspolitik auch finanzierbar.

In dieser Makroperspektive fehlen allerdings entscheidende Aspekte, die nur erkennen kann, wer aus den Höhen der Lüfte wieder auf dem Boden der Ebene landet. Die räumliche Segregation in Städten, die Konsequenzen der Migration sowie neue Milieus der Chancen- und Bildungsarmut lassen sich nicht in theoretischen Wohlfahrtsstaatsmodellen einfangen. Genauso wenig können nationale Regierungen mit ihren Ressourcen diese Herausforderungen praktisch meistern.

Ob *soft policies* wie Aufklärung und Prävention ihre Wirkung entfalten, hat ebenfalls wenig mit einem übergeordneten Wohlfahrtsstaatsmodell zu tun. Ähnlich wie in der Bildungspolitik, wo viele auf Schulformen starren und wenig auf den Unterricht selbst blicken, ist vorsorgende Chancengerechtigkeit auch bei *soft policies* stärker mit konkreter Qualität als mit allgemeinen Standards der sozialen Sicherung verknüpft.

Welche Ziele die Sozialpolitik hat und welche Mittel hierfür eingesetzt werden, hat zwar einen Einfluss auf Chancen- und Verteilungsgerechtigkeit. Doch Sozialpolitik steuert nur einen kleinen Teil dazu bei, und teilweise wirkt sie sogar kontraproduktiv. Ein gerechter Zugang zum Arbeitsmarkt, zu Bildung und zu öffentlichen Dienstleistungen bewirkt mehr als die Geldleistungen der

Sozialversicherung. Ein gerechter Zugang erhöht auch die Wachstumschancen einer Wirtschaft. Die Krux ist nur, dass ein gerechter Zugang wesentlich anspruchsvoller ist als die einkommensabhängige Auszahlung von Arbeitslosengeld. Aber Anspruchsdenken lässt sich ja auch anders denken.

Literatur

Alber, Jens (2000): Sozialstaat und Arbeitsmarkt. In: Leviathan, 4, 535-569.
Allmendinger, Jutta (1999): Bildungsarmut: Zur Verschränkung von Bildungs- und Sozialpolitik. In: Soziale Welt 50, 35-50.
Bartuschat, Wolfgang (1994): Recht, Vernunft, Gerechtigkeit. In: Hans-Joachim Koch/Michael Köhler/Kurt Seelmann (Hg.): Theorien der Gerechtigkeit. Stuttgart, 9-23.
Esping-Andersen, Gösta (2003): Why We Need a New Welfare State. Oxford.
Europäische Kommission (Hrsg.) (2003): Europäische Sozialstatistik. Einkommen, Armut und soziale Ausgrenzung: zweiter Bericht. Luxemburg.
Hayek, Friedrich A. von (1976): Drei Vorlesungen über Demokratie, Gerechtigkeit und Sozialismus. Tübingen.
Heinze, Rolf G./Streeck, Wolfgang (2000): Institutionelle Modernisierung und Öffnung des Arbeitsmarktes für eine neue Beschäftigungspolitik. In: Jürgen Kocka/Claus Offe (Hrsg.): Geschichte und Zukunft der Arbeit. Frankfurt am Main, 243-261.
Heinze, Rolf G./Schmid, Josef/Strünck, Christoph (1999): Vom Wohlfahrtsstaat zum Wettbewerbsstaat. Arbeitsmarkt- und Sozialpolitik in den 90er Jahren. Opladen.
Hochschild, Arlie Russell (2002): Keine Zeit. Wenn die Arbeit zum Zuhause wird und zu Hause nur Arbeit wartet. Opladen.
Hockerts, Hans Günter (1980): Sozialpolitische Entscheidungen im Nachkriegsdeutschland. Alliierte und deutsche Sozialversicherungspolitik 1945-1957. Stuttgart.
Kersting, Wolfgang (1999): Gleiche gleich und Ungleiche ungleich. Prinzipien der sozialen Gerechtigkeit. In: Andreas Dornheim u.a. (Hg.): Gerechtigkeit. Interdisziplinäre Grundlagen. Opladen/Wiesbaden, 46-77.
Kocka, Jürgen (2003): Einbeziehung und Teilhabe. Ziele moderner Gerechtigkeitspolitik. In: Frankfurter Rundschau, 31.05. 03.
Kreyenfeld, Michaela/Spieß, C. Katharina/Wagner, Gert (2001): Finanzierungs- und Organisationsmodelle institutioneller Kinderbetreuung. Analyse des Status quo und Vorschläge zur Reform. Neuwied u.a.
Krönig, Jürgen (2004): Londoner Signale. Studiengebühren machen Karriere. In: Die ZEIT, Nr. 6, 29.01.
Lauterbach, Karl W./Plamper, Evelyn R. (2004): Soziale Ungleichheit, Armut und Gesundheit. In: Klaus D. Hildemann (Hrsg.): Die Freie Wohlfahrtspflege. Ihre Entwicklung zwischen Auftrag und Markt. Leipzig, 37-51.
Leibfried, Stephan/Rieger, Elmar (2001): Grundlagen der Globalisierung – Perspektiven des Wohlfahrtsstaates. Frankfurt am Main.

Menke, Christoph (2002): Gleichheit, Reflexion, Gemeinsinn. In: Herfried Münkler/Harald Bluhm (Hg.), Gemeinwohl und Gemeinsinn. Zwischen Normativität und Faktizität. Berlin: Akademie Verlag, 71-84.
Merkel, Wolfgang (2001): Soziale Gerechtigkeit und die drei Welten des Wohlfahrtskapitalismus. In: Berliner Journal für Soziologie, 2, 135-159.
Niejahr, Elisabeth (2004): Alt sind nur die anderen. So werden wir leben, lieben und arbeiten. Frankfurt am Main.
Nolte, Paul (2004): Generation Reform. Jenseits der blockierten Republik. München.
OECD (Hrsg.) (2004a): Employment Outlook. Paris.
OECD (Hrsg.) (2004b): Quality and Recognition in Higher Education. The Cross-Border Challenge. Paris.
OECD (Hrsg.) (2004c): Towards High-Performing Health Systems: Policy Studies. Paris.
Otto-Brenner-Stiftung (Hrsg.) (2000): Niedriglohnsektor und Lohnsubventionen im Spiegel des Arbeits- und Sozialrechts. Frankfurt am Main.
Piore, Michael J./Sabel, Charles F. (1989): Das Ende der Massenproduktion. Studie über die Requalifizierung der Arbeit und die Rückkehr der Ökonomie in die Gesellschaft. Frankfurt am Main.
PISA-Konsortium Deutschland (Hrsg.) (2004): PISA 2003. Der Bildungsstand der Jugendlichen in Deutschland - Ergebnisse des zweiten internationalen Vergleichs. Münster.
Rawls, John (1971): A Theory of Justice. Cambridge, Mass.
Roller, Edeltraud (2000): Ende des sozialstaatlichen Konsenses? Zum Aufbrechen traditioneller und zur Entstehung neuer Konfliktstrukturen in Deutschland. In: Oskar Niedermayer/Bettina Westle (Hrsg.): Demokratie und Partizipation. Wiesbaden, 88-114.
Rothstein, Bo (1998): Just Institutions Matter. The Moral and Political Logic of the Universal Welfare State. Cambridge.
Schlosser, Eric (2002): Fast Food Nation. What the All-American Meal is Doing to the World. London.
Schümer/Tillmann/Weiß (Hrsg.) (2004): Die Institution Schule und die Lebenswelt der Schüler - vertiefende Analysen der PISA 2000 Daten zum Kontext von Schülerleistungen. Wiesbaden.
Schwarz, Stefanie/Teichler, Ulrich (Hrsg.) (2004): Wer zahlt die Zeche für wen? Studienfinanzierung aus nationaler und internationaler Perspektive. Bielefeld.
Siegrist, Johannes (2000): The Social Causation of Health and Illness. In: Gary L. Albrecht/Ray Fitzpatrick (Hrsg.): Handbook of Social Studies in Health and Medicine, London, 100-114.
Streeck, Wolfgang (2004): Hire and Fire. Ist der amerikanische Arbeitsmarkt ein Vorbild für Deutschland? In: Hans Georg Zilian (Hrsg.): Insider und Outsider. München und Mering, 46-59.
Strünck, Christoph (2004a): Flexible Familien. Von der Bedeutung neuer Beschäftigungsverhältnisse. In: Gewerkschaftliche Monatshefte, 7-8, 445-451.
Strünck, Christoph (2004b): Mit Sicherheit flexibel? Chancen und Risiken neuer Beschäftigungsverhältnisse. Bonn: Dietz Verlag.

Strünck, Christoph (1999): Aus Not oder Notwendigkeit? Der deutsche Sozialstaat kann sich nicht selbst rechtfertigen. In: Siegfried Lamnek/Jens Luedtke (Hrsg.): Der Sozialstaat zwischen „Markt" und „Hedonismus"? Opladen, 115-128.
Tremmel, Jörg (2005): Generationengerechtigkeit in der Verfassung. In: Aus Politik und Zeitgeschichte, 8, 18-27.
Wilke, Uwe (2002): Sozialhilfe in den USA. Die Reform in Texas und Wisconsin. Frankfurt am Main u.a.

III. Voraussetzung für inklusive Politik

4. „Der handlungsfähige Sozialstaat"

Ralf Stegner

Immer mehr Länder melden Land unter. Bremen und das Saarland befinden sich seit Jahren in einer so genannten Haushaltsnotlage - und damit unter Aufsicht des Bundes. Berlin verklagt gerade Bund und Länder um in diese „Klasse" abzusteigen. Die fünf neuen Bundesländer hängen an der milliardenschwere Unterstützung seitens der Westländer und des Bundes. Nicht nur in Schleswig-Holstein sondern auch z. B. im „reichen" Hessen übersteigen die Kredite die Investitionen im Haushalt. Dieser Zustand wäre unter normalen Bedingungen verfassungswidrig, nun ist er aber zur Abwehr des wirtschaftlichen Ungleichgewichtes unausweichlich geworden. Für die nächsten Jahre sieht es nicht wirklich besser aus. Das sich wieder abschwächende Wirtschaftswachstum verursacht weitere Steuerausfälle in Milliardenhöhe. Der Ministerpräsidenten Wulf und Carstensen halten verfassungsgemäße Haushalte für Niedersachsen und Schleswig-Holstein auf Jahre für unmöglich. Bayern und Baden-Württemberg verkaufen ihr Landesvermögen auf Teufel komm raus – andere haben längst nichts mehr zu verkaufen. Mittlerweile dämmert auch der Bundes-CDU, dass die Zeit der Steuergeschenke wohl vorbei ist – allein die FDP ziert sich noch – wohl in dem Bewusstsein, dass sie ihre Versprechungen nie umsetzen muss.

Die prekäre finanzielle Lage von Bund, Ländern und Kommunen (nach einer in der bundesdeutschen Geschichte singulären dreijährigen Stagnationsphase der Wirtschaft) führt direkt zu der Frage, wie unter diesen Umständen der Staat überhaupt noch handeln soll oder noch viel lieber: Kann sich Deutschland überhaupt noch einen Staat leisten? Wenn diese Frage bejaht wird – muss zugleich eine Antwort gegeben werden – wie denn die Finanzierung aussehen soll.

Zu lange wurde die Illusion genährt, dass wir mit weniger Geld auskommen könnten ohne dass es irgendjemand merken würde. Traurige Konsequenz ist, dass der Staat seine Aufgaben mehr schlecht als recht erfüllt und dass trotzdem die öffentlichen Finanzen am Boden liegen. In den USA gibt es die so genannten „neocons", die dem Staat bewusst finanziell austrocknen wollen, um seine Eingriffsmöglichkeiten – beispielsweise im Schulwesen oder Waffenrecht zurückzudrängen.

Die Mehrheit der Bürgerinnen und Bürger in Deutschland ist keineswegs abgeneigt, ihren Beitrag zu leisten. Weite Teile der Bevölkerung halten den Sozialstaat nach wie vor für eine gute und notwendige Errungenschaft, die – so lange ist es noch gar nicht her – gegen die Konservativen erkämpft werden musste. Die Mehrheit sieht durchaus ein, dass sie ihren Teil zur Finanzierung der Staatstätigkeit beitragen müssen. Sie sind allerdings kritischer geworden – Bedingung für ihr Mitwirken ist, das Vernünftiges mit dem Geld gemacht und dieser Beitrag einigermaßen gerecht verteilt wird.

Ein Staat, der beiden Anforderungen nicht mehr gerecht wird – gerät zunehmend in Legitimationsschwierigkeiten – die abnehmende Wahlbeteiligung ist da nur ein warnendes Zeichen, die zunehmende Demokratiefeindlichkeit ein weiteres. Es ist weniger die astronomische Höhe von Schulden und Haushaltsdefiziten, die die Menschen alarmiert, sondern die vielfältigen oft eher kleinen Kürzungen, die Resultate eines Sparkurses sind, der zumindest die Defizite verringern will. Deswegen liegt mir die Stärkung der Finanzkraft – und zwar möglichst der Eigenständigen Finanzkraft der Kommunen besonders am Herzen.

Von Sonntagsreden und der FDP einmal abgesehen stellt in Deutschland trotz allem niemand in der Politik ernsthaft die Notwendigkeit staatlichen Handelns in Frage – zu offensichtlich ist der Bedarf beispielsweise an Kinderbetreuung, Bildungseinrichtungen, Forschungsförderung und Straßenbau. Immer mehr Studien bescheinigen Deutschland, dass es zu wenig für die Bildung und für die Förderung von Familien mit Kindern ausgibt, dass es nicht gewappnet ist, für die Umbrüche, die sich aus der demografischen Entwicklung ergeben. Gerhard Schröder sagte am 17. März dieses Jahres im Deutschen Bundestag, „der soziale Zusammenhalt unserer Gesellschaft ist kein Luxus, den man in schwieriger werdenden Zeiten beiseite schaffen könnte." – genauso wenig, möchte ich hinzufügen, ist er zum Nulltarif zu haben.

Dieser Analyse widerspricht kaum jemand, der Streit geht um die Finanzierung. Was nützt einem Land die Zuständigkeit für die schulische Bildung, wenn es sie nicht bezahlen kann? Was nützt der Kommune die Zuständigkeit für Kinderbetreuung, wenn sie kein Geld dafür hat? Da alle Haushalte in unserem Bundesstaat von denselben Bürgerinnen und Bürgern finanziert werden, greift der übliche egoistisch geführte Verteilungskampf, wie er sich immer wieder zwischen Bund, Ländern und Gemeinden abspielt, zu kurz. Beim parteitaktischen Kleinkrieg untereinander, beim Hickhack um Zuständigkeiten und beim Verteidigen alter Pfründe verspielen wir Chancen, verschwenden Ressourcen und bleiben weit unter unseren Möglichkeiten. Hessens Blockade der Bundesförderung von Elitehochschulen spricht für sich. Schon Willy Brandt wies auf die Tatsache hin, dass sich 90 Prozent der Weltbevölkerung unsere Probleme wünschen würde wünschen – statt zu jammern, müssen wir die Probleme lösen – im Vergleich zu anderen haben wir es ziemlich leicht.

Wir können dazu auf die Grundprinzipien der Sozialdemokratie zurückgreifen, dass da heißt, soviel Markt wie möglich und so wenig Staat wie nötig, und uns an den Grundwerten Gerechtigkeit und Solidarität orientieren.

Von diesen Prinzipien haben wir uns zumindest in der öffentlichen Wahrnehmung weit entfernt. In der Haushalts- und Finanzpolitik aber auch in der Sozialpolitik ist deswegen eine neue Kursbestimmung notwendig. Ich möchte im Folgenden die Grundzüge eines Konzeptes darstellen, in dem Wege aufzeigt werden, wie Handlungsfähigkeit zurück gewonnen werden kann und nach welchen Kriterien staatliche Leistungen „angeboten" werden müssen, damit sie akzeptiert und finanziert werden können.

Ich glaube, wir brauchen einen deutschen Konsolidierungs- und Wachstumspakt mit einem neuen magischen Fünfeck. Zu den vor über 40 Jahren im Stabilitäts- und Wachstumsgesetz festgeschriebenen vier Zielen, Vollbeschäftigung, Geldwertstabilität, angemessenes Wirtschaftswachstum, und außenwirtschaftliches Gleichgewicht muss das Ziel nachhaltig ausfinanzierter Haushalte hinzukommen. Konkret bedeutet dies zum einen, nur soviel Kredite aufzunehmen, wie auch absehbar zurückgezahlt werden können. Es geht darum, dort zu investieren, wo Wachstumskräfte gestärkt und die Potentiale von Land und Menschen am besten erschlossen werden. Schon der deutsche Finanzwissenschaftler Lorenz von Stein, der im Übrigen Schleswig-Holsteiner war, formulierte: „Ein Staat ohne Defizit tut entweder zu wenig für seine Zukunft, oder er verlangt zuviel von seiner Gegenwart." Nicht ohne Grund sind Kredite für Investitionen verfassungsgemäß. Sie können – vernünftig eingesetzt - Wachstum und Beschäftigung ankurbeln und führen so wieder zu Mehreinnahmen für die öffentliche Hand.

Ohne dieses „fünfte Element" können wir ein gesamtwirtschaftliches Gleichgewicht nicht mehr erreichen. Wir dürfen weder den Weg einer hemmungslosen Verschuldung weitergehen, der unseren Kindern und Enkeln die Gestaltungsspielräume entzieht, noch ist eine undifferenzierten Sparpolitik, die die Wachstumspotentiale zerstören würde, verantwortbar. Die wirtschaftsliberalen Konzepte rigoroser Ordnungstheoretiker taugen nicht für die Praxis. Im Gegenteil: Sie stärken real die aktuelle Negativspirale der schwachen Binnennachfrage, da sie die Menschen kontinuierlich verunsichern.

Jenseits der Debatte um Kredite und Investitionen fehlen aber zunehmend die laufenden Einnahmen für die laufenden Ausgaben. Die desolate Entwicklung der Einnahmen zeigt eindeutig, dass es notwendig ist, hier gegenzusteuern. Die SPD Schleswig-Holstein und die ehemalige Landesregierung hat einen Vorschlag für ein sozial gerechtes und einfaches Steuerrecht vorgelegt, der sich deutlich von den konservativen Konzepten abgrenzt. Deren Modelle vereinfachen das Steuerrecht auf Kosten von Solidarität und Gerechtigkeit und zu Lasten der öffentlichen Kassen. Sie würden zu dramatischen Verteilungseffekten, nämlich massiven Umverteilungen von unten nach oben führen und unausgewogen die Besserverdienenden privilegieren. Gering- und Normalverdiener müssten für eine stärkere Absenkung des Spitzensteuersatzes zahlen. Parallel würde eine Umsetzung unabhängig vom diskutierten Modell zu nicht finanzierbaren Haushaltslöchern bei den öffentlichen Gebietskörperschaften in zweistelliger Milliardenhöhe führen. Unser Konzept zeigt hingegen Wege auf, die Einnahmen von Bund, Land und Kommunen zu stärken und wie auch durch das Steuerrecht Impulse für mehr Wachstum und Beschäftigung gesetzt werden können.

Da eine der großen Schwachstellen der deutschen Wirtschaft der private Konsum ist, muss dieser gestärkt werden. Die Gering- und Normalverdiener stehen demgemäß im Mittelpunkt unserer Vorschläge: Sie müssen real und administrativ entlastet werden. Wer ein höheres Einkommen hat, soll auch höhere Steuern zahlen. Erst wenn das Steuersystem wieder als gerecht empfunden wird, wird es akzeptiert werden.

Dazu sollte der Eingansteuersatz und die Sozialversicherungsbeiträge verringert werden. Dies steigert gerade Gering und Normalverdienenden das verfügbare Einkommen. Die für 2005 bereits beschlossene Absenkung des Spitzensteuersatzes auf 42% ist dagegen ausreichend. Spitzenverdiener hingegen sollen einen Zuschlag auf die Einkommensteuer zahlen. Ich denke da an einen Aufschlag von fünf Prozent für den Teil des Einkommens der im Jahr 500.000 Euro überschreitet. Damit ließe sich die Senkung des Eingangsteuersatzes finanzieren. Nach den bisherigen und den noch anstehenden steuerlichen Änderungen sind große Unternehmen und Bezieher hoher Einkommen sehr gut gestellt, während bei den Sozialreformen durch lohnunabhängige Zahlungen wie beispielsweise die Praxisgebühr die unteren Einkommensbezieherinnen und –bezieher überproportional belastet werden. Wenn das Steuersystem weiter entwickelt werden soll, stehen deshalb besonders den Gering- und Normalverdienenden Nettoentlastungen zu.

Wir müssen dabei an dem bisherigen Tarifverlauf festhalten, auch wenn er scheinbar komplizierter ist. Wobei schon klar ist, dass nicht der Tarif, sondern die steuerliche Bemessungsgrundlage das ganze System kompliziert macht. Nur ein linear-progressiver Tarif kann dem Sozialstaatsgedanken, nach dem starke Schultern mehr tragen als Schwache, gerecht werden. Ein Stufentarif mit einer niedrigen Spitzenbelastung privilegiert die Spitzenverdiener unverhältnismäßig. Im Gegenteil - zusätzlich sollten Steuerschlupflöcher und Steuersubventionen, die meist nur denen helfen, die viel Geld haben, geschlossen werden. So wird ein stärkerer Finanzierungsbeitrag denen abverlangt, die es sich leisten können.

Unternehmen müssen ihren Beitrag zu den Staatsfinanzen leisten Das Steuersystem muss aufhören, einzelne große Unternehmen oder bestimmte Strukturen zu bevorzugen. Der Beitrag der Unternehmen muss klar definiert und transparent sein. Die kleinen und mittleren Unternehmen, insbesondere das Rückgrat unserer Wirtschaft, die Personengesellschaften, wollen wir dabei stützen. Wer unsere soziale Marktwirtschaft ernst nimmt und von der Infrastruktur des Landes profitiert, muss auch seinen Beitrag dazu leisten. Auch Großunternehmen sollen in Deutschland Steuern zahlen. Ungerechtfertigte Privilegien insbesondere der großen Unternehmen müssen auf den Prüfstand und der Ausweg in Steueroasen verstellt werden.

Durch eine ungerechtfertigte und ungerechte Großzügigkeit gegenüber gewissen Einkommensarten verzichtet der Staat Jahr für Jahr auf sehr viel Geld. Ich denke an die einseitige Bevorzugung von Betriebs- und Grundvermögen bei der Erbschafteuer oder die historisch bedingte Gewerbesteuerfreiheit für Selbständige. Wenn wir diese Schieflagen beseitigen stärken wir nicht nur die Legitimation von Steuern, sondern eröffnen auch Spielräume die Steuerlast für andere, wie etwa kleine Handwerksbetriebe zu senken.

Modelle, die zu Lasten der Arbeitnehmer Zuschläge zur Einkommensteuer vorsehen, sind dabei nicht der richtige Weg. Für die Kommunen kann dies daher mittelfristig nur eine Kommunalsteuer („modifizierte Bürgersteuer", d.h. insbesondere die bisherige Gewerbesteuer) leisten. Die auskömmliche Finanzierung der Aufgaben der Kommunen muss sichergestellt werden. Die Kommunen brauchen planbare Einnahmen, d.h. auch eigenständige Steuerquellen, die den Zusammenhang zwischen den Leistungen der Kommune und den Steuerzahlungen der Wirtschaftsbeteiligten verdeutlichen. Alle Gewerbetreibenden, Land- und Forstwirte, Selbständigen und Vermieter von Grundstücken, die von der örtlichen Infrastruktur in besonderem Maße Vorteile haben, müssen ihren angemessenen Beitrag zu deren Finanzierung leisten.

Auch die Erbschaftsteuer muss so reformiert werden, dass die Bevorzugung bei der Vererbung bestimmter Vermögensarten, beispielsweise großer Mietwohnungsbestände gestoppt wird. Dabei kann die Steuer ohne Probleme so gestaltet werden, dass im Regelfall das normale Einfamilienhaus (beispielsweise mit einem persönlichen Freibetrag von 307.000 Euro) steuerfrei ist. Betriebsvermögen könnte generell durch einen deutlich erhöhten Freibetrag von 2 Millionen Euro entlastet werden. Der Freibetrag stellte sicher, dass der Erwerb kleiner und mittlerer Gewerbe- und landwirtschaftlicher Betriebe regelmäßig vollständig von der Steuer befreit wird. Dieser Freibetrag reduziert zugleich den Verwaltungsaufwand spürbar. Für größere Betriebe kann die schon jetzt existierende Ratenzahlungsmöglichkeit fortgeführt werden. Da es sich bei Erbschaften um „leistungsloses Einkommen" handelt, darf das Gemeinwesen hier berechtigt einen größeren Anteil zur Finanzierung der öffentlichen Aufgaben verlangen.

Solche Änderungen, die eine stärker Belastung großer Einkommen und Vermögen zum Ziel haben werden aber gerne mit gezielten Angstkampagnen torpediert. Auf unsere Vorschläge zur Reform der Erbschaftsteuer, nach denen große Wohnungsbestände stärker belastet werden sollten, wurde mit einer Kampagne reagiert, nach der die Sozis den Enkeln nicht einmal Omas Häuschen gönnen würden. Erfolgreich konnte so eine vom Verfassungsgericht sogar verlangte stärkere Belastung verhindert werden. Im europäischen und internationalen Vergleich besteuern wir Grund- und Geldvermögen aber auch hohes Einkommen extrem niedrig. dies anzugleichen und damit die Finanzsituation der Kommunen, der Länder rund des Bundes zu stärken halte ich für ein lohnenswertes und mehrheitsfähiges sozialdemokratisches Projekt.

Ähnliches gilt für die Frage der Erhöhung der Mehrwertsteuer. ‚Ich habe immer davor gewarnt, zu lange zu warten, weil dann die Mehrwertsteuererhöhung lediglich zur Konsolidierung der Haushalte verwendet werden würde. Meiner Meinung nach ist aber eine Erhöhung des normalen Satzes der Mehrwertsteuer nur dann sozialpolitisch und ökonomisch zu rechtfertigen, wenn ich die Mehreinnahmen dazu nutze, die Sozialabgaben zu senken.

Die hohen Lohnnebenkosten wirken nämlich wie eine Strafsteuer auf Arbeit; Schwarzarbeit wird so begünstigt. Weil organisierte Schwarzarbeit dem Gemeinwesen die finanziellen Grundlagen entzieht, ist staatliches Handeln erforderlich. Wenn der Unterschied zwischen Brutto und Netto geringer wird, profitiert davon nicht nur der Arbeitnehmer - auch den Arbeitgebern wird es leichter gemacht, Arbeitsplätze zu erhalten bzw. mehr Personal einzustellen. Dieser beschäftigungspolitisch sinnvolle Ansatz unterstützt die notwendigen Reformen der sozialen Sicherungssysteme dort, wo systemimmanente Grenzen erreicht werden. Dies bedeutet ein „Ja" zu Sozialreformen und damit verbundener größerer Eigenverantwortung, aber ein klares „Nein" zur Abschaffung des Solidarprinzips in den Sozialversicherungen wie beispielsweise durch den Unionsvorschlag für unsoziale Kopfpauschalen in der Krankenversicherung. Die Umsetzung dieses Konzeptes würde den Konsum in Deutschland stärken und über die Entlastung des Faktors Arbeit auch Chancen auf Beschäftigung erheblich steigern.

Im Zuge dieses Prozesses kann der normalen Umsatzsteuersatz an das europäische Niveau angeglichen und nicht gerechtfertigte Ausnahmen gestrichen werden. Wenn ich dann außerdem den ermäßigte Umsatzsteuersatz reduziere, entlaste ich sogar die Gering- und Normalverdiener, die den größten Teil ihres Einkommens für Sachen ausgeben, auf die keine Umsatzsteuer erhoben wird, wie die Miete oder für die der ermäßigte Satz gilt, beispielsweise Lebensmittel. Über die verringerten Sozialversicherungsbeiträge profitieren außerdem endlich einmal nicht nur die Unternehmer sondern eben auch direkt die Arbeitnehmer.

Wenn Arbeit wieder billiger wird, entstehen mehr Arbeitsplätze und die Kaufkraft steigt insgesamt. So stärkt der Beschäftigungszuwachs die Konjunktur und unterstützt den Konsolidierungskurs bei den sozialen Sicherungssystemen nachhaltig. Skandinavische Beispiele zeigen das Potenzial eines solchen Ansatzes.

Quer zu diesen Überlegungen liegt die Aufgabe, den demografischen Wandel zu bewältigen. Dies heißt zum einen die Strukturen demografiefest zu machen – unter anderem mit einer Bürgerversicherung, zum anderen aber auch zu schauen, inwieweit dieser Wandel begrenzt werden kann. Wie kann ich z. B. auch eine grundsätzliche Reform des Steuerrechts dazu nutzen, die Strukturen in Deutschland kinderfreundlicher zu gestalten. Die demographische Entwicklung zeigt die mangelnde Kinderfreundlichkeit und die deutliche Ungerechtigkeit des jetzigen Systems gegenüber Haushalten mit Kindern. Die Entwicklung ist veränderbar – dazu bedarf es aber einer umfassenden Umstellung unser Politik- und Förderansätze. Ein Umsteuern ist notwendig, damit Kinder nicht länger das Armutsrisiko Nummer eins bleiben. Dazu zählt für mich die Notwendigkeit eine sozial verträgliche Möglichkeit zu finden, das Ehegattensplitting zu begrenzen, damit das Modell der Alleinverdienerehe nicht mehr steuerlich bevorzugt wird. Es geht mir darum, das Recht so zu ändern, dass Gutverdienenden über Kinderfreibeträge nicht mehr Geld zugestanden wird als Normalverdienenden. Stattdessen müssen wir die Mittel in die Familien- und Bildungsinfrastruktur investieren. Bund, Länder und Gemeinden müssen gemeinsam für eine solide Finanzierung und für ein qualitativ und quantitativ ausreichendes Angebot sorgen. Dies ermöglicht dann nicht nur eine bessere Bildung und Ausbildung, Frauen mit Kindern die Berufstätigkeit und Deutschland den im internationalen Vergleich überfälligen familienpolitischen Sprung in die Moderne, es bietet auch ein enormes Wachstumspotential und Beschäftigungschancen in dem Bereich der haushalts- oder familiennahen Dienstleistungen.

Die rot-grüne Bundesregierung hat mit ihren verschiedenen grundlegenden Reformen u. a. im Bereich der Steuer, der Rente und im Gesundheitswesen einen Reformstau aufgelöst, den 16 Jahre CDU/CSU/FDP aufgebaut haben. Sie geht mit der Reform der sozialen Sicherungssysteme im Rahmen der Agenda 2010 einen schmerzhaften, aber unausweichlichen Weg für mehr Beschäftigung und Wachstum und für die dauerhafte Sicherung des Sozialstaates.

Diesen Weg müssen wir weitergehen, denn der Weg ist richtig und alternativlos.

Allerdings sind manche notwendige Kompromisse, die auch mit der Opposition eingegangen werden mussten, in der öffentlichen Vermittlung schwierig. Eingeschränkte Steuertarifsenkungen, die einkommens-unabhängige Praxisgebühr, die Herauslösung bestimmter medizinischer Leistungen und ein unausgewogener Subventionsabbau sind der Preis, der für eine Zustimmung von Union im Bundesrat gezahlt werden musste. Auch daraus resultiert nicht nur ein Vermittlungsproblem, sondern auch eine gewisse soziale Schieflage.

Es ist dringend notwendig, die Ziele der Reformen zu vermitteln und weiter an den Veränderungen zu arbeiten. Dieser Weg ist nicht umkehrbar, denn Arbeitslosigkeit und demografische Entwicklungen sind Probleme, die gelöst werden müssen, um den Sozialstaat zu erhalten. Wichtig ist vor allem, diesen Prozess dadurch zu begleiten, dass die Dimension sozialer Ausgewogenheit stärker betont wird. Weitergehende Reformen müssen strikt an das Kriterium sozialer Gerechtigkeit geknüpft werden.

Die zurückliegenden Reformschritte im Steuersystem haben die richtige Richtung gezeigt. Mit der Steuerreform wurden übergroße Belastungen abgebaut und einige ungerechtfertigte Entlastungen eingeschränkt. Sie gehen aber nach unserer Auffassung noch nicht weit genug. Weder große Unternehmen noch besonders gut verdienende Bürgerinnen und Bürger sollen sich künftig künstlich arm rechnen können. Steuersubventionen müssen deshalb weiter abgebaut oder gestrichen und Schlupflöcher geschlossen werden. Die dadurch verbreiterte Bemessungsgrundlage soll zu Steuersenkungen insbesondere für Geringverdienende und zur Förderung von Familien genutzt werden.

Wir brauchen auskömmliche Einnahmen damit Bund, Länder und Gemeinden ihre Aufgaben erfüllen können. Steuereinnahmen finanzieren ein attraktives Bildungssystem, eine gute Sozial-, Wirtschafts- und Verkehrsinfrastruktur und erlauben ein hohes Maß an innerer Sicherheit. Die Bevölkerung erwartet vom Staat, dass er diese Leistungen vernünftig erbringt. Nur Reiche können sich einen armen Staat leisten.

Nur eine solidarische und demografiefeste Umstrukturierung der Investitionen, des Steuerrechts und der sozialen Sicherungssysteme kann Deutschland wieder auf einen Pfad zurückbringen, in dem es nicht nur Weltspitze im Export sondern auch bei Lebensqualität und Lebensstandard wieder eine Spitzenposition einnimmt. Erst dann, kann auch der Weg aus der Schuldenfalle gelingen. Wenn wir so in Denken und Handeln wieder den künstlich aufgebauten Gegensatz von ökonomischen Fortschritt und Sozialstaat auflösen können und die Normal- und Geringverdiener mit ihren berechtigten Wünschen und Ansprüchen in den Blick zu nehmen, können wir als Volkspartei wieder Wahlen gewinnen.

5. Die Gesundheitswirtschaft als Baustein eines sozialinvestiven Umbaus des Wohlfahrtsstaates

Rolf G. Heinze / Josef Hilbert

Einleitung

Es gibt in den wohlfahrtsstaatlichen Reformdebatten einen Konsens darin, dass eine neue Balance zwischen wirtschaftlicher Leistungsfähigkeit und sozialer Absicherung realisiert werden muss. Gefragt sind sowohl strukturelle Reformen im traditionellen sozialen Sicherungssystem als auch Strategien, die den wohlfahrtsstaatlichen Sektor selbst als Innovations- und Wachstumspotenzial sehen. Die Politik muss also vom Prinzip der Statuskonservierung umorientiert werden in Richtung auf eine bessere Nutzung der Innovationspotentiale. Es gilt, den Wohlfahrtsstaat nicht nur als Last, sondern als soziale Investition zu begreifen. Der Umbau des bundesrepublikanischen Sozialstaates sollte deshalb neue Innovationsschwerpunkte kreieren, die sowohl sozial integrierend als auch beschäftigungsfördernd wirken. Im folgenden Beitrag wollen wir nicht nachzeichnen, wo die grundlegenden Herausforderungen der wohlfahrtsstaatlichen Sicherungssysteme liegen, sondern demgegenüber auf einige „Silberstreifen" am Horizont des Strukturwandels hinweisen, die für positive Aussichten eines Paradigmenwandels stehen.

Gesundheit und Soziales als Triebkraft des Strukturwandels

Alle entwickelten Industriegesellschaften haben in den letzten Jahrzehnten neue Beschäftigung fast ausschließlich im Dienstleistungssektor aufbauen können und dabei die Beschäftigungsquote der Frauen spürbar erhöht. Eine detaillierte Betrachtung der Beschäftigungsentwicklung zeigt zudem, dass die Entwicklung je nach Dienstleistungsbereich variiert. Relativ unbemerkt von den klassischen Dienstleistungsfeldern haben sich insbesondere die personenbezogenen Dienste zu wichtigen Beschäftigungsfeldern profiliert. Ihr Wachstum geht auf gesellschaftliche Wandlungs- und Differenzierungstrends zurück, die zu einer Auslagerung von Diensten aus dem familiären und häuslichen Bereich führen. So gelten die Alterung der Gesellschaft, der medizinisch-technische Fortschritt und die steigende weibliche Erwerbsquote als wesentliche Faktoren für das Wachstum der sozialen Dienste und speziell der Gesundheitswirtschaft. Das „Gesundheitscluster" ist ein in den letzten Jahren stark wachsender Wirtschaftssektor geworden, der von vielen Experten als Zukunftsbranche gesehen wird. Das Clustermodell orientiert sich nicht an der traditionellen Unterscheidung von Prävention, Kuration und Rehabilitation, sondern es ordnet die Einrichtungen und Unternehmen der Gesundheitswirtschaft gemäß ihrer Stellung entlang der entsprechenden Wertschöpfungsketten. Drei Bereiche lassen sich in idealtypischer Form unterscheiden.

- Der Kernbereich der ambulanten und stationären Gesundheitsversorgung: Dieser zählt zu den beschäftigungsintensiven Dienstleistungsbereichen (Krankenhäuser, Arztpraxen, Apotheken etc).
- Die Vorleistungs- und Zulieferindustrien: Hierzu zählen neben den „Health Care Industries" (Pharmazeutische Industrie, Medizin- und Gerontotechnik etc) das Gesundheitshandwerk sowie der Handel mit medizinischen Produkten.
- Randbereiche und Nachbarbranchen des Gesundheitswesens: Hier sind vor allem Freizeit- und Wellness-Einrichtungen, aber auch die Ernährung zu nennen. In der Verknüpfung gesundheitsbezogener Dienstleistungen mit diesen Angeboten liegen große Chancen für die Gesundheitswirtschaft, um ihr Angebotsspektrum auszuweiten und zusätzliche private Nachfrage zu mobilisieren.

Bereits Mitte der 90er Jahre waren in diesem sich neu herausstrukturierendem Sektor (man könnte auch von einem neuen Wertschöpfungsnetzwerk sprechen) gut vier Millionen Menschen beschäftigt; der Anteil an der Gesamtbeschäftigung betrug damit gut 11 Prozent und dürfte heute bei knapp 15 Prozent liegen (im engeren Bereich des traditionellen Gesundheitswesens waren im Jahr 2001 bereits mehr als 4,1 Millionen Erwerbstätige beschäftigt). Trotz der beeindruckenden Arbeitsmarktbilanz ist aber davor zu warnen, dass Wachstum und Beschäftigung in der Gesundheits- und Sozialwirtschaft Selbstläufer sind, vielmehr muss dieser Prozess durch entsprechend ausgerichtete Entwicklungsstrategien in der Gesundheitswirtschaft selbst und in der Gesundheitspolitik gefördert werden.

Alternde Gesellschaft im Paradigmenwechsel: Von der „Alterslast" zur Silver Economy

Noch vor wenigen Jahren wurde das Altern der Gesellschaft nahezu ausschließlich als eine Bedrohung und Last für die Zukunftsfähigkeit von Wirtschaft und Gesellschaft wahrgenommen. Die steigende Zahl älterer Menschen, der erheblich wachsende Anteil älterer Menschen und die drastisch zunehmende Zahl hochaltriger und pflegebedürftiger Menschen galten nicht nur als eine kaum zu bewältigende Herausforderung für die Sozialen Sicherungssysteme, sondern hierin wurde gleichzeitig auch die wichtigste Ursachen für ein langsames Nachlassen von Innovationsbiss und risikobereitem Unternehmertum gesehen. Der „jugendliche Sturm und Drang", mit dem die Bundesrepublik aufgebaut wurde, drohte durch einen grauen, risikoscheuen „Innovationsattentismus" und durch „muffige Selbstzufriedenheit" erstickt zu werden. Und zu allem Überfluss wurde jeder Versuch junger Menschen, neue Wege zu gehen, durch die Generation der ewigjungen Alt 68er mit dem nervenden Hinweis gekontert, so etwas früher bereits viel besser angepackt zu haben.

Seit Ende der 90er Jahre ändert sich diese Wahrnehmung der Perspektiven der alternden Gesellschaft. In den letzten Jahren haben sich unter die beschriebenen Moll-Töne jedoch mehr und mehr Dur-Töne gemischt. Zum einen wird immer häufiger hervorgehoben, dass es doch ein Riesenerfolg für Gesellschaft, Politik und Wirtschaft ist, wenn Menschen den Traum vom „länger Leben" mehr und mehr einlösen können. Zum anderen erkennen Politik und Wirtschaft immer häufiger, dass die spezifischen Interessen älterer Menschen eine gute Grundlage sind, um durch Produkte und Dienstleistungen, die auf die Bedürfnisse der „Silver Generation" ausgerichtet sind, Nachfrage zu generieren und Umsätze sowie Beschäftigung zu steigern. Und last but not least kommen mehr und mehr Sozial- und Wirtschaftswissenschaftler zu der Erkenntnis, dass es durchaus möglich ist, die sozialen Sicherungssysteme auf die Herausforderungen der alternden Gesellschaft einzustellen. Voraussetzung dazu ist allerdings, dass die Menschen verstärkt bereit sind, für Lebensqualität im Alter mehr zu investieren; die Chancen hierfür sind jedoch gut, denn schließlich sind Gesundheit, Sicherheit und Wohlbefinden Werte, die bei allen einschlägigen Befragungen Top-Positionen erzielen. Unter dem Strich gibt es mithin viele gute Gründe, die Zukunft nicht mehr als „grau", sondern verstärkt als „silbern" zu interpretieren (vgl. Cirkel et al. 2004).

In den letzten Jahren gibt es zudem immer stärkere Hinweise darauf, dass das Altern der Gesellschaft Grundlage für kräftige Umsatz- und Beschäftigungsgewinne in den Bereichen ist, die Produkte und Dienstleistungen für mehr Lebensqualität im Alter liefern. Auffällig und für jeden nachvollziehbar war dies im Bereich der Pflege, wo allein zwischen 1999 und 2003 rund 77.500 neue Arbeitsplätze entstanden sind[1]. In letzter Zeit wurde aber auch deutlich, dass sich solche positiven Aspekte des Alterns keineswegs auf den Pflegebereich beschränken.

- Bislang hat es noch keine umfassende und exakte Berechnung der Zahl der Arbeitsplätze gegeben, die durch Produkte und Dienstleistungen für mehr Lebensqualität im Alter entstanden sind. Ein erster Grund für diesen Mangel sind sicherlich die vielen methodischen Schwierigkeiten bei der Unterscheidung dessen, was zu diesem Bereich hinzugehört und was nicht. Ein anderer liegt aber auch darin, dass in der Wissenschaft erst seit ein paar Jahren die Aufmerksamkeit für das Thema Seniorenwirtschaft wächst. Ein Versuch in diesem Sinne wurde im Jahre 2002 von Hilbert/Naegele vorgelegt und besagte, dass mit gut 900.000 zusätzlichen Arbeitsplätzen in der Seniorenwirtschaft in Deutschland zu rechnen ist. Diese erste grobe Kalkulation wurde mittlerweile durch eine Reihe sektorspezifischer Teilstudien unterfüttert:
- Die Gesellschaft für Konsumforschung (GfK 2002) geht beispielsweise von einem sehr hohen Nachfragepotenzial bei haushaltnahen und pflegerischen Diensten sowie bei Wohnungsrenovierungen aus, das - umgerechnet in Arbeitsplätze – bis 2015 ein Plus von 687.500 Jobs bringen könnte.
- Für die Zukunft der Gesundheitswirtschaft liegen quantitative Szenarien für das Bundesland NRW vor, die sich auf Gesamtdeutschland hochrechnen lassen[2], wobei angenommen wird, dass etwa die Hälfte des Beschäftigungsgewinns auf Faktoren zurückgehen, die durch die Alterung der Gesellschaft bedingt sind. Dies könnte dann ein Plus von 450.000 Arbeitsplätzen zur Folge haben.
- Das InWIS-Institut aus Bochum hat Szenarien für die Zukunft der Fitnessbranche vorgelegt (Eichener/Heinze 2005); in der mittleren Variante wird bis 2015 für NRW mit einem Plus von 14.000 Arbeitsplätzen gerechnet. Hochgerechnet auf Gesamtdeutschland kann demnach mit gut 55.000 neuen Jobs gerechnet werden. Da heute ca. 40 % der Sporttreibenden zu den reife-

---

[1] Sozialversicherungspflichtig Beschäftigte im Bundesgebiet; RD NRW der BA 2004, Berechnung IAT

[2] Diese Hochrechnung bringt für Gesamtdeutschland ein Plus von knapp 300.000 (unteres Szenario) bis knapp 800.000 (oberes Szenario) Arbeitsplätze. Der Prognos-Report Deutschland 2002 – 2020 bestätigt die grundsätzlich positiven Aussichten in der Gesundheitswirtschaft; für den Zeitraum von 2002 bis 2020 rechnet er mit einem Wachstum der Gesundheitswirtschaft von knapp 660.000 Arbeitsplätzen (von gut 4,0 Mio. auf gut 4,7 Mio.).

ren Jahrgängen gehören, ist in der Fitnessbranche von der Wirtschaftkraft Alter bis 2015 mit rund 22.000 zusätzlichen Jobs zu rechnen.
- Anfang 2005 legte das Rheinisch-Westfälische Institut für Wirtschaftsforschung in Essen (Augurzky/Neumann 2005) eine Studie zu der Frage vor, ob und unter welchen Bedingungen Nordrhein-Westfalen von einer Aktivierung der Seniorenwirtschaft profitieren kann. Das wichtigste Ergebnis dieser Studie ist, dass es nicht nur gelingen kann, in den einschlägigen Branchen der Seniorenwirtschaft zusätzliche Arbeitsplätze zu schaffen, sondern dass davon auch das Bruttoinlandsprodukt insgesamt sowie die Steuereinnahmen des Landes profitieren können.

In der Politik hat der **Paradigmenwechsel** von „Alter als Last" zu „Alter als Chance" ebenfalls begonnen, jedoch stehen die neuen Akzente hin zu einem sozialinvestiven Sozialstaat noch am Anfang. Was die Ursachen dafür sind, dass Politik sich schwer damit tut, ihrerseits den Paradigmenwechsel offensiv voranzutreiben, kann vermutet werden. So dominieren die großen Schwierigkeiten bei der Erneuerung und Anpassung der sozialen Sicherungssysteme das politische Alltagsgeschäft so stark, dass nur wenig Freiraum dafür bleibt, sich auf andere Aspekte des demographischen und sozialen Wandels zu konzentrieren. Hinzu kommt, dass eine auf die Chancen des Alterns setzende „Seniorenpolitik" für viele Sozialpolitiker auch Schattenseiten hat. Heute sichern sie sich ihre politische Unterstützung vorwiegend dadurch, dass sie sich als Verteidiger der Interessen von Rentnerinnen und Rentnern darstellen; eine neue Seniorenpolitik hat – zusätzlich zu den sozial-, gesundheits- und pflegepolitischen Themen – auch daran zu arbeiten, wie Beiträge Älterer für die Gesellschaft aussehen können. Dies verlangt von der Politik nicht nur Kreativität und Umdenken, sondern auch das Skizzieren und Anmahnen neuer Verantwortungsrollen und zusätzlichen Engagements von Älteren. Diese Strategie des Förderns und Forderns wird von vielen älteren Wählerinnen und Wählern keineswegs nur begrüßt, sondern als unangenehme Wahrheit wahrgenommen.

Trotz dieser bremsenden Kräfte, die die Politik bislang beim Paradigmenwechsel zögerlich sein ließen, gibt es deutliche Anhaltspunkte dafür, dass die Zukunft schon begonnen hat und dass auch die Politik auf die Gewinne des Alterns und einer alternden Gesellschaft setzt. Das Leitbild dieser neuen Seniorenpolitik ist bislang noch nicht präzise beschrieben, zeichnet sich aber dennoch relativ klar ab: Wenn es gelingt, die Beiträge älterer Menschen für ihr eigenes Wohlergehen sowie für die gesamtgesellschaftliche Wohlfahrt besser zu aktivieren, profitieren Ältere davon einerseits selbst, andererseits wird so die Basis dafür geschaffen, dass die anstehenden großen sozial- und gesundheitspoliti-

schen Herausforderungen der Zukunft besser bewältigt werden können (vgl. auch Heinze 2004).
Wichtige Ansatzpunkte für eine Neuorientierung in diesem Sinne sind, dass

- die Erwerbsbeteiligung Älterer (zwischen 55 und 65 Jahren) steigt.
- das bürgerschaftliche und politische Engagement Älterer besser aktiviert wird.
- Lebensqualität und Prävention gefördert werden, um soziale Abhängigkeiten und Pflegebedürftigkeit soweit als möglich zu vermeiden.
- sich die Wirtschaft verstärkt auf die Interessen und Bedürfnisse der älter werdenden Gesellschaft einstellt und durch Produkte und Dienstleistungen für mehr Lebensqualität im Alter neue Wachstums- und Beschäftigungschancen entstehen.

Paradigmenwechsel konkret: Die Erneuerung kommt von unten

Unter Bezug auf das skizzierte Leitbild und die skizzierten Ansatzpunkte sind in den letzten Jahren vor allem in den Bundesländern entsprechende seniorenpolitische Initiativen und Programme entstanden. Besonders aktiv war und ist hier das Bundesland Nordrhein-Westfalen. Ende 2004 legte hier etwa das Ministerium für Gesundheit, Soziales, Frauen und Familie unter dem Titel „Alter gestaltet Zukunft" (MGSFF NRW 2004) „Leitlinien für die Politik für Ältere" vor. Neben den klassischen Themen Gesundheit und Pflege wurde dabei eben auch auf die genannten Ansatzpunkte (Erwerbsbeteiligung, bürgerschaftliches Engagement, Ausbau der Seniorenwirtschaft) eingegangen. Begleitet und unterfüttert wird diese neue, auf Aktivierung setzende Seniorenpolitik durch eine starke Dialogorientierung. Diese zielt zum einen auf die Einbindung und den Austausch mit denen, die Angebote für ältere Menschen bereithalten, entwickeln und erproben.

Die in NRW arbeitende Landesinitiative Seniorenwirtschaft setzt darauf, dass die Wirtschaft mehr und bessere Angebote für Ältere auf den Markt bringt und dass so nicht nur die Lebensqualität Älterer steigt, sondern auch zusätzliche Arbeitsplätze entstehen. Umgesetzt wird dieser Ansatz u.a. dadurch, dass in der Landesinitiative Arbeitsgruppen zu wichtigen Bedürfnisfeldern tätig sind, in denen mit Wissenschaftlern, Unternehmensvertretern, Verwaltungsbeamten, Seniorinnen und Senioren über Entwicklungstrends, Gestaltungserfordernisse, Marketingstrategien, Pilotprojekte etc. gesprochen wird. Ein in 2003 vorgelegter Zwischenbericht der Landesinitiative (vgl. **Geschäftsstelle Seniorenwirtschaft 2003**) macht deutlich, dass eine Fülle von Projekten und Aktivitäten angestoßen werden konnten, die auch über die Landesgrenzen hinaus auf Resonanz gestoßen sind. In unmittelbarer Verbindung mit der Landesinitiative entstanden in NRW mehr als 2.000 neue Arbeitsplätze. Allerdings wurde auch deutlich, dass es sich hierbei erst um erste Vorboten einer seniorenwirtschaftlichen Aktivierung handelt, denn das Potenzial für zusätzliche Arbeitsplätze in diesem Bereich wird von Wissenschaftlern und Experten für viel größer gehalten. Vergleichbare Initiativen und Ansätze wie in NRW entstehen derzeit in mehreren anderen Bundesländern (vgl. etwa Cirkel/Hilbert/Schalk 2004). Dies zeigt, dass der Paradigmenwechsel mit Blick auf die Zukunft des Alterns in der Politik quasi als Erneuerung aus den Bundesländern kommt.

Sicherlich könnte die Qualität und Nachhaltigkeit dieser Bewegung stark davon profitieren, wenn es gelänge, auf Bundesebene und zwischen den einschlägig engagierten Ländern so etwas wie einen Erfahrungsaustausch zu etablieren. Für viele der traditionellen Felder der Altenpolitik (v.a. Gesundheit, Pflege) existieren bereits etablierte Austauschinstitutionen. Für die neuen Themen, insbesondere für die Seniorenwirtschaft, müssen noch neue geschaffen werden. Wahrscheinlich ist es sinnvoll, sie nur auf Zeit anzulegen und eng mit den einschlägigen Akteuren aus Wirtschaft und Gesellschaft zusammen zu arbeiten, um eine Bürokratisierung von vornherein auszuschließen.

Was waren und sind die **Triebkräfte** des Paradigmenwechsels in der Politik weg vom Diskurs über „Altern als Last" hin zu „Altern als Chance"? Wissenschaftlich abgesicherte Antworten auf diese Frage gibt es (noch) nicht, gleichwohl drängen sich Vermutungen auf:

- Die veränderte Wahrnehmung des Themas Alter in der Wissenschaft hat die Grundlage für neue Perspektiven in der Politik geschaffen.
- Das Personal aus den politischen Verwaltungen und viele Sozialpolitiker sehen insbesondere in dem Thema Seniorenwirtschaft eine Chance, ihre Gestaltungsfelder bei den Wirtschafts- und Finanzpolitikern aufzuwerten und so neue Gestaltungsspielräume zu gewinnen.
- Über Wachstumsperspektiven für die Wirtschaft wird generell viel debattiert, doch überwiegend mit Bezug auf Querschnittthemen (etwa Rahmenbedingungen oder Produktivität der Arbeit). Konkrete Felder, auf denen Wachstumschancen bestehen, werden nur selten genannt und beschrieben. Der Ruf nach Produkten und Dienstleistungen für mehr Lebensqualität im Alter umreißt ein gut konstruiertes Gestaltungsfeld, das sich in konkrete, politisch relevante Handlungsempfehlungen transferieren lässt und damit eine Lücke in der Zukunftsdiskussion in Deutschland füllt.

Wirtschaftskraft Alter – die Wirtschaft tut sich schwer!

Allerdings scheinen Teile der Wirtschaft den demographischen Wandel zu verschlafen. Das Altern der Belegschaften erfordert Innovation bei der Organisation von Produktions- und Dienstleistungssystemen und im Marketing gibt es Unsicherheiten, ob die alten Rezepte, die auf Jugendlichkeit und Geschwindigkeit setzen, auch in Zukunft noch wirken. Erst in den letzten ca. 10 Jahren mehren sich die Stimmen, die im demographischen Wandel und in der Alterung der Gesellschaft auch Chancen für die Ökonomie sehen. Mit Blick auf die Welt der Arbeit wird hier betont, dass die Praxis der Freisetzung älterer Mitarbeiter mit einem enormen Verlust an Know-how im Unternehmen einhergeht und das viele Ältere zudem über Kenntnisse und Fähigkeiten verfügen, die eine zukunftsfähige Wirtschaft dringend braucht. So können Ältere in altersgemischten Teams etwa der Garant dafür sein, dass der innovative Biss der Jüngeren Bodenhaftung, Zielorientierung und Ausdauer bekommt. Niejahr (2004, 62) spricht in diesem Zusammenhang von einer „Erfahrungs-Renaissance". Und mit Blick auf die Absatzmärkte wurde in den letzten Jahren immer deutlicher, dass die Bedürfnisse und Interessen Älterer eine gute Chance für die Seniorenwirtschaft, sprich: für innovative Produkte und Dienstleistungen sind, die gezielt auf mehr Lebensqualität im Alter setzen.

Werden diese Chancen von der Wirtschaft aufgegriffen? Auf diese Frage kann derzeit keine endgültige Antwort gegeben werden, die sowohl analytisch tiefgehend ist als auch flächendeckend Gültigkeit beanspruchen kann. Dies liegt nicht nur daran, dass es an einschlägiger Forschung fehlt, sondern es hat seine Ursache auch darin, dass sich die Wirtschaft selbst in einem Paradigmenwechsel befindet, dessen Ende noch offen ist.

Unter Experten – etwa Arbeitsmarkt- und Zukunftsforschern oder auch Vordenkern von Arbeitgeberverbänden – ist völlig unumstritten, dass die Beschäftigungsmöglichkeiten für ältere Arbeitnehmer verbessert werden müssen. Fachliche Übereinstimmung gibt es auch hinsichtlich der Perspektive, dass dies keineswegs ein Verlust ist, sondern dass davon sowohl die Betriebe als auch die Beschäftigten profitieren können. Letztere etwa, wenn sich durch die Chance, später in den Ruhestand zu gehen, neue Möglichkeiten für ein Kürzertreten während der Phase der Familiengründung ergeben. Gleichwohl scheinen die Unternehmen die demographisch bedingten Anforderungen und Chancen der sich abzeichnenden silbernen Arbeitswelt noch immer konsequent zu ignorieren: „Noch nie gab es so viele gesunde und leistungsfähige 60jährige, doch trotz Fachkräftemangels arbeitet in der Hälfte der deutschen Unternehmen kein Mitarbeiter über fünfzig mehr" (Niejahr 2004, 64).

In der Gesamtsicht ist mithin der Paradigmenwechsel in Sachen alternder Gesellschaft in der Welt der Arbeit noch nicht angekommen. Warum sich Deutschland – im Gegensatz zu einigen anderen hoch entwickelten Ländern – schwer damit tut, stärker auf die Produktivkraft Alter zu setzen, ist nur schwer zu ergründen und hat bestimmt vielfältige Ursachen. Eine der wichtigsten dürfte sein, dass in Deutschland der Abschied vom Senioritätsprinzip bei Karriere und Einkommen sehr schwer fällt.

Wenngleich die Welt der Arbeit in Deutschland noch immer glaubt, auf die Silbergeneration verzichten zu können, so soll dennoch nicht verschwiegen werden, dass es einige wenige Betriebe gibt, die als Hoffnungsschimmer wirken und über die in den letzten Jahren verstärkt debattiert wird.

Nicht ganz so grau wie beim Thema Ältere Menschen in der Arbeitswelt sieht es bei den seniorenwirtschaftlichen Aktivitäten von Industrie, Handel, Handwerk und Dienstleistungen in Deutschland aus. Etwa seit Beginn der 90er Jahre wird verstärkt von der Werbe- und Marktforschung auf die sich wandelnde Alterszusammensetzung der Bevölkerung und ihre Bedeutung für die Wirtschaft hingewiesen und es werden Modelle entwickelt, die der Heterogenität der älteren Generation einigermaßen gerecht werden. Seit Mitte der letzten Dekade ist ein verstärktes Interesse einzelner Anbieter zu beobachten, sich mit innovativen Produkten und Dienstleistungen auf den Seniorenmarkt einzustellen. Gleichwohl ist die breite Masse der Wirtschaftsunternehmen noch nicht dabei, auf die Herausforderungen und Chancen der älter werdenden Gesellschaft aktiv zu reagieren.

Empirische Untersuchungen darüber, wie groß der Anteil der verschiedenen Innovatorengruppen an der Gesamtzahl der Unternehmen ist, gibt es bislang nicht. Dies liegt nicht zuletzt daran, dass viele Unternehmen die Anregungen zwar aufgegriffen haben, aber nur im Stillen an Produkten für die Seniorenwirtschaft arbeiten. Selbst wenn also Produkte z.B. ergonomisch für ältere Menschen optimiert werden, gehen die Unternehmen damit nicht offensiv um, da der Ruf eines „Seniorenproduktes" immer noch als Gefahr für eine erfolgreiche Produktplatzierung gilt.

Beobachter aus den Industrie- und Handelskammern sowie aus den Handwerkskammern gehen jedoch davon aus, dass die Unternehmensgruppen der „Vorsichtigen" und der „Zweifler und Ablehner" noch eindeutig in der Mehrheit sind. Die meisten Unternehmen reagieren nur zögerlich oder gar nicht auf die Herausforderungen des demografischen Wandels.

Wissenschaft: In der Verantwortung für die Erneuerung

Die „Silberstreifen" in Richtung Seniorenwirtschaft kommen alle nicht aus heiterem Himmel, sondern gehen in vielen Fällen zurück auf einen langen Vorlauf in der Wissenschaft und z. T. auch in der Politik. Bislang sind diese Prozesse zwar noch nicht von der wirtschafts- und politikwissenschaftlichen Forschung nachgezeichnet worden, jedoch ist unter Insidern völlig unumstritten, dass nur der dichte Austausch zwischen entsprechend interessierten und engagierten Akteuren aus Wirtschaft, Wissenschaft und Politik den Weg für solche Initiativen wie WIA oder für solche Angebote wie „Bärenticket" oder „Fit und Mobil" frei gemacht hat. Durch die Unterstützung von Forschung und Politik konnten orientierende aber auch ganz praktische Hilfestellungen geleistet werden, um die Entfaltung der Seniorenwirtschaft auf der unternehmerischen Ebene zu befördern. Für die weitere Aktivierung der Seniorenwirtschaft wäre es sicherlich hilfreich zu wissen, wie solche erfolgreichen Prozesse des „Sich-wechselseitig-Stärkens" zwischen Akteuren aus der Wissenschaft, Politik und Wirtschaft (bzw. aus Unternehmen) im Detail verlaufen und was die Bedingungen für den Erfolg sind.

Wie aktuell und in Zukunft mit dem Thema der Alternden Gesellschaft umgegangen wird, dies wird ohne Zweifel auch von den Medien mit entschieden. Natürlich gibt es für das, was in der Gesellschaft und bei Älteren selbst über das altern gedacht wird, eine Fülle von Einflüssen. Welches Bild der älteren Generation auf gesellschaftlicher Ebene vorherrscht, hängt dennoch ganz stark von der Berichterstattung und Darstellung in den Medien ab. Eine aktuelle und umfassende Medienanalyse zu diesem Thema liegt zwar nicht vor, doch die vorliegenden Untersuchungen stellen fest, dass die von den Medien vermittelten Rollenbilder bislang nicht unbedingt einen Beitrag zur Bildung von realistischen Altersbildern leisteten, aber das Bild der „Alten" in der Öffentlichkeit stark prägen.

Schlussfolgerungen

Grundvoraussetzung für einen Paradigmenwechsel mit Aktivierungspotenzial ist, dass es eine innovative, überzeugende und tragfähige innovative Perspektive gibt und diese anhand möglichst konkreter Ansatzpunkte vermittelt werden kann. Innovation um der Innovation willen macht wenig Sinn; und die Tragfähigkeit einer neuen Perspektive wird des weiteren erheblich erhöht, wenn es gelingt, sie im Sinne eines Nutzens für die überwältigende Mehrheit der Betroffenen und der Beteiligten vorzutragen.

Eine innovative Perspektive braucht Treiber und Moderatoren. Diese müssen ein Eigeninteresse am Vorantreiben der Innovation haben, den ersten Stein ins Rollen bringen und auch über Kraft und Ausdauer verfügen, sich gegen anfängliche Widerstände oder Zögerlichkeiten durchzusetzen. Dabei reicht es nicht, wenn die Treiber nur aus einem gesellschaftlichen Teilbereich kommen. Am Beispiel der Seniorenwirtschaft wurde deutlich, dass Innovationsallianzen von Akteuren aus mehreren Bereichen gefordert sind – von der Wissenschaft über die Wirtschaft bis hin zur Politik und Verwaltung. Damit dieses innovative Zusammenspiel klappt, braucht es schlanke, transparente Kommunikations- und Controllingstrukturen.

Politische Konzepte zur Zukunft des Wohlfahrtsstaates sind gerade derzeit explizit gefragt, zumal sich die traditionellen sozialstaatlichen Muster durch die grundlegenden sozialen Wandlungsprozesse überlebt haben. Der Sozialstaat prägt jedoch weiterhin die Rahmenbedingungen für Beschäftigung und damit auch für soziale Absicherungen. Schließlich sind die meisten Dienstleistungsbranchen viel personalintensiver als der Industriesektor; also schlägt die lohnarbeitszentrierte Konstruktion des deutschen Sozialversicherungsstaates hier auch stärker zu Buche, weil sie den Faktor Arbeit zusätzlich verteuert. Deshalb ist auch die Debatte um neue Finanzierungsmodelle des Sozialstaats eine Gerechtigkeitsdebatte von Grund auf, weil alternative Finanzierungen die Weichen für mehr Jobs stellen könnten. Es geht dabei nicht nur um die Frage, welche gesellschaftlichen Gruppen sich den Solidargemeinschaften in der Krankenversicherung oder der Rentenversicherung entziehen, es geht auch um die kontraproduktiven arbeitsmarktpolitischen Wirkungen eines traditionellen, statuskonservierenden Sozialversicherungsstaats, der andere Dimensionen des Sozialen (allen voran die Bildung und eine bessere Balance von Arbeits- und Familienleben durch angemessene Betreuungsmöglichkeiten für kleinere Kinder) bislang elementar vernachlässigte und in Richtung eines sozialinvestiven Sozialstaats korrigiert werden müsste.

Die lebendige internationale Diskussion um einen grundlegenden Umbau des Sozialstaats ist daher unmittelbar verkoppelt mit den Szenarien zur Dienstleistungsgesellschaft und neuen Innovationsschwerpunkten. Trotz bestehender Unterschiede gibt es Gemeinsamkeiten, die sich zu einem sozialinvestiven und damit zukunftsfähigen Sozialstaatsprojekt zusammenfügen. Dazu gehört unter anderem die Stabilisierung der sozialen Grundsicherung, begleitet von einem Ausbau der privaten Eigenvorsorge, stärkerer Steuerfinanzierung von Sozialleistungen sowie einer präventiven und aktivierenden Ausrichtung der Arbeitsmarktpolitik. Damit einher geht das Bekenntnis, auch atypische Beschäftigungsverhältnisse möglich zu machen und sozialverträglich abzusichern statt sie zu bürokratisieren. Gerade manche Dienstleistungstätigkeiten gedeihen oftmals neben dem Normalarbeitsverhältnis. Trotz neuer sozialer Risiken bieten sich mit solchen Strategien Möglichkeiten, mehr Menschen in Beschäftigung zu bringen, ohne sich von solidarischen Standards zu verabschieden.

Hier liegt eine zentrale Aufgabe einer systematischen Innovations- und Sozialpolitik. Dazu gehört eine Aufgeschlossenheit gegenüber den Wandlungsprozessen auf dem Arbeitsmarkt, den nach wie vor bestehenden Ungleichheiten im Bildungssystem und generell in den gesellschaftlichen Leitbildern. Arbeitsformen und Lebensstile, die nicht dem Normalarbeitsverhältnis und der Normalfamilie entsprechen, sind keine unerwünschten Ausnahmen, sondern vielmehr unvermeidliche Trends, auf die sich die Entwicklung der arbeitsmarktpolitischen Förderprogramme, der sozialen Sicherung, der Mitbestimmung und des Bildungssystems einstellen müssen. So sollte beispielsweise eine Strategie der Ermöglichung und Absicherung von niedrig qualifizierten Tätigkeiten mit einer gezielten Ausweitung personenbezogener Dienste (Kinderbetreuung, Ganztagsschulen, Haushaltsdienste) verknüpft werden, um berufstätige Frauen zu entlasten. Auf diese Weise wäre auch ein Anreiz für höher qualifizierte Frauen gegeben, stärker am Erwerbsleben zu partizipieren - was wiederum zur Entwicklung hoch qualifizierter Dienstleistungsfelder beiträgt. Zugleich würde durch solche Schritte endlich eine neue Balance in den sozialstaatlichen Sicherungssystemen angestrebt, die traditionell den größten Teil der Sozialinvestitionen in die Alterssicherung lenken.

Literatur:

Augurzky, Boris; Neumann, Uwe (2005): Regionalwirtschaftliche und fiskalische Effekte einer Förderung der Seniorenwirtschaft in Nordrhein-Westfalen. Expertise des Rheinisch-Westfälischen Instituts für Wirtschaftsforschung. (hg. von der Geschäftsstelle Seniorenwirtschaft). Essen/Gelsenkirchen

Bosch, Gerhard; Hennicke, Peter; Hilbert, Josef; Kristof, Kora; Scherhorn, Gerhard (Hrsg.) (2002): Die Zukunft von Dienstleistungen. Ihre Auswirkungen auf Arbeit, Umwelt und Lebensqualität. Frankfurt a.M.

Bundesministerium für Familie, Senioren, Frauen und Jugend (BMFSFJ) (2004): Vierter Bericht zur Lage der älteren Generation. Risiken, Lebensqualität und Versorgung Hochaltriger – unter besonderer Berücksichtigung demenzieller Erkrankungen. Berlin

Cirkel, Michael; Evans, Michaela; Hilbert, Josef; Scharfenorth, Karin (2004): Mit dem Alter in die Dienstleistungsgesellschaft? In: WSI-Mitteilungen 10/2004

Eichener, Volker, Heinze, Rolf G. (2005): Beschäftigungspotentiale im Dienstleistungssektor. Düsseldorf

Forschungsgesellschaft für Gerontologie e.V., Institut für Gerontologie an der Universität Dortmund (FFG); Institut Arbeit und Technik, Gelsenkirchen, Abteilung Dienstleistungssysteme (IAT); Medizinische Hochschule Hannover, Abteilung Epidemiologie,

Sozialmedizin und Gesundheitssystemforschung (MHH) (2001): Gesundheitswesen und Arbeitsmarkt in NRW. Ministerium für Frauen, Jugend, Familie und Gesundheit des Landes Nordrhein-Westfalen. Düsseldorf

Geschäftsstelle Seniorenwirtschaft (2003): Seniorenwirtschaft Nordrhein-Westfalen - Ein Instrument zur Verbesserung der Lebenssituation älterer Menschen. Bericht der Ministerin für Gesundheit, Soziales, Frauen und Familie des Landes Nordrhein-Westfalen. Gelsenkirchen

Gesellschaft für Konsumforschung (GfK) (2002): Studie 50plus 2002. Band I + II. Nürnberg

Heinze, Rolf G. (2004): Sozialpolitik versus Zukunftspolitik? Zum Verhältnis von Sozialstaatskosten und Innovationsförderung, in: Frank-Walter Steinmeier/Matthias Machnig (Hg.), Made in Germany 21, Hamburg, S.563ff

Hilbert, Josef/Cirkel, Michael/Schalk, Christa (2004): Produkte und Dienstleistungen für mehr Lebensqualität im Alter, Expertise für das Deutsche Zentrum für Altersfragen im Rahmen der Erstellung des fünften Altenberichtes der Bundesregierung. Gelsenkirchen

Institut für Freizeitwirtschaft (IFF) (2003): Marktchancen im Gesundheitstourismus. Health-Care-, Anti-Aging-, Wellness- und Beauty-Urlaub bis 2010. München

Ministerium für Gesundheit, Soziales, Frauen und Familie des Landes Nordrhein-Westfalen (MGSFF NRW) (2004): Alter gestaltet Zukunft. Politik für Ältere in Nordrhein-Westfalen. Rahmenbedingungen, Leitlinien 2010. Düsseldorf

Niejahr, Elisabeth 2004: Alt sind nur die anderen. So werden wir leben, lieben und arbeiten. Frankfurt a. M.

IV. Zentrale Felder neuer Gerechtigkeitspolitik

6. Der neue Arbeitsmarkt und der Wandel der Gewerkschaften

Wolfgang Schroeder

Mit der Krise des deutschen Modells wird kaum eine andere Institution so eng in Verbindung gebracht wie die Gewerkschaften. Während sie bis in die 80er vor allem als Reformakteur thematisiert wurden, wird ihnen seit den 90er Jahren die Rolle der Vetokraft zugeschrieben. Doch wo stehen die deutschen Gewerkschaften heute wirklich? Welche Handlungsmuster und Wandlungstendenzen charakterisieren sie? Wie reagieren sie auf den Wandel des Arbeitsmarktes? Beim Versuch, Antworten auf diese Fragen zu finden, sollen wesentliche Ebenen, die für die Funktionsfähigkeit und Weiterentwicklung des deutschen Gewerkschaftsmodells maßgeblich sind, zusammengedacht werden: Erstens die Auswirkungen des neuen Arbeitsmarktes; zweitens die Gegnerkrise, also die zurückgehende Gestaltungskraft der Arbeitgeberverbände und drittens die Schwierigkeiten mit dem politischen System. Ich gehe von der These aus, dass sich das deutsche Modell in einem nachhaltigem Veränderungsprozess befindet, wobei wichtige Facetten dieses Prozesses am Beispiel der Gewerkschaften studiert werden können. Die Schwierigkeiten der Transformation des deutschen Modells bestehen darin, dass das „Alte" in vielen Bereichen prekär geworden ist, ohne dass sich eine neue Institutionen- und Akteursordnung an diese Stelle geschoben hat. Nach wie vor hat Deutschland die „mächtigste" Industrielandschaft Europas; gleichwohl sind auch in der Bundesrepublik die anderen Wirtschaftsbranchen bedeutender geworden. Es geht bei den Konflikten, zur Neujustierung der deutschen Gewerkschaftspolitik, um nicht weniger, als um das zukünftige Gesicht des deutschen Kapitalismus in Europa. Dessen Strukturen werden maßgeblich davon geprägt sein, ob und wie es den Gewerkschaften gelingt, den Wandel des Arbeitsmarktes zu gestalten.[1]

---

[1] Vgl. Wolfgang Schroeder/Bernhard Weßels, (Hrsg.), Die Gewerkschaften in Politik und Gesellschaft der Bundesrepublik Deutschland, Wiesbaden 2003.

1 Wandel des Arbeitsmarktes: Rekrutierungsdefizite

Die deutschen Gewerkschaften erreichen im internationalen Vergleich traditionell ein mittleres Organisationsniveau.[2] Der Netto-Organisationsgrad liegt heute für die DGB-Gewerkschaften bei etwa 20%. Mittlerweile ist die Tertiarisierung des Arbeitsmarktes so weit fortgeschritten, dass über 50% der Beschäftigten in Dienstleistungsberufen tätig sind. Während in den traditionell gewerkschaftlich gut organisierten Bereichen der verarbeitenden Industrie in den letzten Jahren kontinuierlich Beschäftigung abgebaut wurde, wächst sie bei den Gruppen, die für Gewerkschaften bislang nur schwer ansprechbar sind: also im Dienstleistungssektor, bei Beschäftigten mit befristeten Arbeitsverträgen, Teilzeitarbeitnehmern und Leiharbeitern, zumeist in in kleinen und mittleren Betrieben. Eine weitere Strukturveränderung ergibt sich aus der Zunahme der Frauenbeschäftigung. So stieg der Anteil erwerbstätiger Frauen an allen abhängig Beschäftigten in den alten Bundesländern von 33,6% (1950) auf 46% im Jahr 1998. Ein zentrales Organisationsproblem der Gewerkschaften besteht also darin, dass die Kluft zwischen Mitglieder- und Arbeitsmarktstruktur gewachsen ist. Der Anteil der Arbeiter auf dem Arbeitsmarkt liegt bei 37% und unter den Gewerkschaftsmitgliedern bei 64%. Umgekehrt ist das Verhältnis bei den Angestellten: 57% auf dem Arbeitsmarkt und 27% in den DGB-Gewerkschaften. Im Ergebnis erklärt dies die Dominanz des älteren, gewerblichen männlichen Arbeiters in den Gewerkschaften. Umgekehrt sind die Gruppe der Frauen und Jugendlichen gemessen an ihrem Arbeitsmarktanteil deutlich unterrepräsentiert.

Die Gewerkschaften haben es hinsichtlich ihrer Rekrutierungschancen grob mit „drei Welten" zu tun: Erstens der Großindustrie des verarbeitenden Sektors, die nach wie vor Anker und Rückgrat gewerkschaftlicher Stärke in Deutschland ausmacht. Zu dieser Welt gewerkschaftlicher Präsenz und Stärke zählt zweifelsohne auch der Öffentliche Dienst. Auch wenn dort die Rekrutierung anderen Kriterien folgt und die gewerkschaftliche Bedeutung für das exportorientierte deutsche Modell nachrangig ist (Flankierung), haben wir es mit einer festen Basis für gewerkschaftliche Präsenz in Deutschland zu tun. Die „zweite Welt" liegt in den mittelgroßen Betrieben der verarbeitenden Industrie und des Dienstleistungssektors. Dort ist gewerkschaftliche Stärke keinesfalls selbstverständlich, und wenn sie vorliegt, geht sie auf günstige regionale und branchenspezifische Bedingungen zurück, also einer besonderen Akteurskonstellation. In der „dritten Welt" sind die Gewerkschaften meist gar nicht oder nur schwach vertreten. Dabei handelt es sich nicht nur um kleine oder mittlere Betriebe, sondern durchaus

---

[2] Vgl. Bernhard Ebbinghaus, Die Mitgliederentwicklung deutscher Gewerkschaften im historischen und internationalen Vergleich, in: Wolfgang Schroeder/Bernhard Wessels (Hrsg.), Die Gewerkschaften in Politik und Gesellschaft der Bundesrepublik Deutschland, Wiesbaden 2003, S. 174-204.

auch um einige größere, zumeist des Dienstleistungssektors, die sich als mittelständisch verstehen. Da in vielen dieser Betriebe eine hohe Wertschöpfung und ein hohes Innovationsniveau besteht, sowie mehr Beschäftigungsaufbau stattfindet als in den ersten beiden Welten, kann hier von den Gewinnern des Strukturwandels gesprochen werden. Dass die Gewerkschaften jedoch gerade in diesen Betrieben nicht oder nur schwach vertreten sind, kann als Achillesferse des deutschen Modells begriffen werden. Mit diesem Strukturwandel sind weitere Prozesse verbunden, die die Mitgliederkrise verschärfen und die Rekrutierungschancen erschweren:

1. sozialstrukturell: als Emanzipation (Individualisierung; verstärkte Bedeutung von Nutzenkalkülen und dem Verlust der Bindewirkung) der Beschäftigten gegenüber gesellschaftlichen Großorganisationen;
2. ökonomisch: der berufliche Werdegang verläuft stärker denn je unabhängig von gesellschaftlichen Großorganisationen;
3. politisch: das traditionelle Partizipationsinteresse ist in den letzten Jahren deutlich zurückgegangen: Mehr Partizipation und Autonomie scheint für Nichtmitglieder derzeit kein Beitrittsanreiz zu sein. Dies führt zu der Frage, wie die Nützlichkeit der Gewerkschaft für den Einzelnen verbessert werden kann, ohne die Durchsetzbarkeit solidarischer Politik dadurch zu gefährden.

2 Gewerkschaften und Arbeitslosigkeit

Ein besondere Herausforderung für die Gewerkschaften sind die Arbeitslosen[3]. Sie können Mitglied in der Gewerkschaft werden und gibt es eigene Angebote (Rechtsberatung, Bewerbungstraining, Umgang mit dem Arbeitsamt etc.) und Beteiligungsmöglichkeiten für sie. In einzelnen Gewerkschaften besteht auch die Möglichkeit, in deren Gremien vertreten zu sein und dort aktiv mitzuarbeiten. So haben im IG Metall-Bezirk Küste Arbeitslose sogar einen Sitz in der Tarifkommission. Unterstützt werden auch gewerkschaftliche Arbeitsloseninitiativen. Dies alles bietet noch nicht die Gewähr für eine intensive Vertretung von Interessen der Arbeitslosen, wenngleich es Ausdruck der Einsicht ist, dass auch Gewerkschaften ihren Beitrag leisten wollen, um Arbeitslosen eine Plattform zu geben. Das dies jedoch meist kaum über symbolische Politik hinausgeht, hängt damit zusammen, dass es keine spezifischen Instrumente gibt, die den Gewerkschaften zur Verfügung stehen, um die Anliegen als Arbeitslose zu vertreten. Sie können zwar in einzelnen Fällen persönliche Hilfen geben und advokatorisch

---

[3] Vgl. Wolfgang Bonß/Rolf G. Heinze (Hrsg.), Arbeitslosigkeit in der Arbeitsgesellschaft, Frankfurt am Main 1984.

deren Lage und Interessen öffentlich thematisieren. Die eigentliche Interessenarbeit der Gewerkschaften ist jedoch präventiv; sie spielt sich in den Feldern der Tarif-, Betriebs- und Industriepolitik ab. Dabei gibt es fünf Zugänge: Der erste setzt auf eine andere Verteilung der Arbeit durch Arbeitszeitpolitik, der zweite auf eine innovative regional- und betriebsbezogene Produkt- und Wachstumspolitik und der dritte auf eine keynesianische Wachstumspolitik durch hohe Lohnabschlüsse und staatliche Investitionsprogramme. Der vierte Zugang, der auf die Entwicklung eines neuen Niedriglohnsektors zielt, um zusätzliche Beschäftigungsmöglichkeiten zu schaffen, ist von den Gewerkschaften bislang abgelehnt worden. Das diese Position jedoch brüchig geworden ist, zeigt sich nicht nur an den Lockerungsübungen im Kontext des „Bündnisses für Arbeit", wo mit Unterstützung der Gewerkschaften Mittel für Maßnahmen zur Verfügung gestellt wurden, die auf diese Gruppe zielen, sondern auch in einer Tarifpolitik, die eine Ausdehnung des Leiharbeitssektors fördert. Fünftens sind Politiken zu nennen, die auf verbesserte Bedingungen in der Qualifikationspolitik zielen. Unter anderem wurden zu diesem Zweck Tarifverträge abgeschlossen, um die Weiterbildungsmöglichkeiten zu forcieren.

Trotz aller Aktivitäten der Gewerkschaften lautet die landaus, landein zu hörende Kritik, dass sie nichts für die Arbeitslosen tun. Manche gehen sogar einen Schritt weiter: Die Gewerkschaften stärken die Position der Insider (Erwerbstätigen) und Schwächen die der Outsider (Arbeitssuchende)); indem sie zuwenig für die Lohndifferenzierung tun und zu hohe Sicherungsstandards für die Beschäftigten durchgesetzt haben. Ich gehe von der These aus, dass die Gewerkschaften mit der an sie herangetragenen Forderung, ihre Programmatik und Politik intensiver auf das Vollbeschäftigungsziel[4] auszurichten, schlichtweg überfordert sind. Indem sie auf diese Zumutungen keine adäquate Antwort geben, haben sie jedoch einen maßgeblichen Beitrag dazu geleistet, dass sie selbst in eine „Sündenbockrolle" hingeraten sind, und die „Neoliberalen" die Gewerkschaften vor sich her treiben können, um die Misere auf dem Arbeitsmarkt und die Schwierigkeiten beim Umbau des Sozialstaates zu erklären. Was können die Gewerkschaften auf diesem Feld? Sie können einen wichtigen Beitrag leisten, um die Bedingungen für Wachstum und Beschäftigung zu verbessern. Allerdings nur im Verbund mit dem Steuer- und Sozialstaat sowie den Unternehmen. Als Vorleistungen, um in einer Allianz mit den anderen Akteuren erfolgreich zu wirken, ist es wichtig, dass die Gewerkschaften sich konzeptionell auf eine Reform der Strukturen der Ausbildungs-, Qualifikations- und Sicherungssysteme einstellen. Dazu gehört, das sie weitergehendere Konsequenzen aus der These vom Ende des Normalarbeitsverhältnisses ziehen, also eine aktivierende Ar-

---

[4] Vgl. Georg Vobruba, Alternativen zur Vollbeschäftigung, Frankfurt am Main 2000.

beitsmarktpolitik und eine Konzeption für leistungsfähige Übergangsarbeitsmärkte favorisieren. [5] Dabei ist zu sehen, dass dies nicht im Widerspruch zu einer aktiven Tarifpolitik steht, sondern erst deren Voraussetzung bildet.

3   Reaktionen auf den Wandel des Arbeitsmarktes

Die Differenzierungsdynamik des Arbeitsmarktes und der Lebenslagen stellt letztlich widersprüchliche Anforderungen an die Gewerkschaften. Sie sind sowohl von ihrer Stammklientel als auch von den noch nicht Organisierten herausgefordert, gleichermaßen authentische Antworten auf unterschiedliche Problemlagen bieten zu können. Hinzu kommen altersspezifische Erwartungen an die Gewerkschaften. Veränderte Sozialisationsbedingungen, die stark durch die „Mediengesellschaft" geprägt sind, Milieuverluste und gesellschaftliche Individualisierungstendenzen, der Wandel betrieblicher Rationalisierung und der Formwandel von Erwerbsarbeit haben nicht nur vielfältigere Formen des betrieblichen Handelns sowie einen modifizierten Beschäftigtenhabitus befördert, sondern auch neue Vorstellungen von Organisationsloyalität und Solidarität hervorgebracht. Verwiesen sei in diesem Kontext auf die Theorien zu individualisierten Patchwork-Identitäten und kontingenten Lebensstilen, auf die Konzepte der vernetzten Selbststeuerung oder die Diskussion über den Typus des „Arbeitskraftunternehmers".

Die Gewerkschaften befinden sich in einem Übergang, in dem sie durch differenzierte Initiativen an die veränderten Arbeits- und Lebensbedingungen der Beschäftigten anzuknüpfen versuchen. Es bedarf dafür auch eines Umbaus der gewerkschaftlichen Organisationsstrukturen selbst und ihrer nach innen und außen orientierten Kommunikationsfähigkeit. Dazu gehört auch eine veränderte Machtinszenierung, die die Logik der Mediendemokratie nicht außer Acht lässt. In diesem Umbauprozess, in dem es um folgende Strategien geht, bildet das Verhältnis zwischen Betriebsräten und Gewerkschaften die zentrale Akteursbasis:

- Leitbildwandel: Neben dem Normalarbeitsverhältnis des männlichen Vollzeitbeschäftigten in der verarbeitenden, großbetrieblichen Industrie oder im öffentlichen Dienst müssen auch die Interessenlagen von a-typischen Beschäftigungsformen stärker berücksichtigt werden.
- Politik der Anreize und Dienstleistungen: Die vorhandenen Dienstleistungen, die eine organisationspolitische Bindewirkung erzeugen, müssen ver-

---

[5] Vgl. Günther Schmid (Hrsg.), Wege in eine neue Vollbeschäftigung, Frankfurt/New York 2002, S. 175ff.

bessert und um neues Angebote, die um die Erwerbsarbeit gruppiert sind ergänzt werden (bspw. Tarifgebundene, betriebliche Alterssicherung, Qualifikationsförderung).
- Imagekampagnen und verändertes Kommunikationsverhalten: Notwendig sind themengebundene Kampagnen, die an vorhandenen Konfliktpunkten ansetzen und mögliche Lösungspotenziale/-wege aufzeigen. Höchst umstritten sind teure „Imagekampagnen", die jenseits der „normalen" Interessenvertretungsarbeit angesiedelt sind.
- Partizipationsanreize: Für die aktive Beteiligung interessierter Mitglieder sind punktuelle Möglichkeiten des Engagements wichtig, deren Verpflichtungscharakter geringer ist als in den Satzungsgremien.

4 Zunahme von Unternehmermacht – abnehmender Einfluss der Arbeitgeberverbände

Unter den Bedingungen eines koordinierten Kapitalismus, der auf überbetrieblichen und flächendeckenden Regulierungsinstrumenten aufbaut, benötigen die deutschen Gewerkschaften einen verlässlichen Gegenspieler, mit dem sie eine Art ‚Konfliktpartnerschaft' praktizieren können.[6] Das wichtigste Bindeglied für diese Form der Kooperation ist bislang der Flächentarifvertrag. Darüber hinaus gibt es weitere Kooperationsbezüge, wie die gemeinsam verantwortete Struktur des dualen Berufsbildungssystems oder ihre starke Stellung in den Sozialversicherungen. Das Verhältnis zwischen Gewerkschaften und Arbeitgeberverbänden kann gewissermaßen als System kommunizierender Röhren gedeutet werden.

Da die Deckungsrate eines Flächentarifvertrages nicht nur von der Stärke der Gewerkschaften abhängt, sondern ebenso vom Mitgliederorganisationsgrad der Arbeitgeberverbände, haben Gewerkschaften ein großes Interesse an starken Arbeitgeberverbänden. Anlaß zur Sorge bietet die Tatsache, dass der Mitgliederorganisationsgrad der westdeutschen Arbeitgeberverbände seit etwa zwei Jahrzehnten kontinuierlich rückläufig ist. In der westdeutschen Metallindustrie lag der Unternehmensorganisationsgrad 1960 bei 64 %, 1980 bei 57,6 %, 1990 bereits nur noch bei ca. 46 % und in 2001 bei rund 31 %. Auch der Beschäftigtenorganisationsgrad verringert sich von rund 80% in 1960 auf ca. 62% in 2001. Seit Ende des 20. Jahrhunderts scheinen sich Verbands- und Tarifvermeidung bzw. Flucht als individuelle Formen des globalisierungstauglichen Personalma-

---

[6] Vgl. Wolfgang Schroeder/Stephen J. Silvia, Gewerkschaften und Arbeitgeberverbände, in: Wolfgang Schroeder/Bernhard Wessels (Hrsg.), Die Gewerkschaften in Politik und Gesellschaft der Bundesrepublik Deutschland, Wiesbaden 2003, S. 246-272.

nagements zu entwickeln.[7] Worin liegen die Ursachen für die abnehmende Integrations- und Steuerungsfähigkeit der Arbeitgeberverbände? Neben ökonomischem und technischem Wandel verlangen auch politische Veränderungen und nicht zuletzt der Individualisierungstrend von den Verbänden neue Anpassungsleistungen.

Mehrheitlich sind es kleinere Unternehmen, die sich den Arbeitgeberverbänden fern halten. Dagegen sind größere Traditionsunternehmen, Betriebe mit starker gewerkschaftlicher Präsenz und Betriebsrat nach wie vor in hohem Maße verbandlich organisiert. Die drei wichtigsten Faktoren für eine Verbandsbindung waren bisher: Gewerkschaftlicher Organisationsgrad im Betrieb, Betriebsgröße und Alter der Firma. Umgekehrt bedeutet dies: Dort, wo der gewerkschaftliche Organisationsgrad niedrig ist, die Firma relativ klein und ihr Alter vergleichsweise jung, ist die Wahrscheinlichkeit einer Verbandsmitgliedschaft gering. Insbesondere die beiden letzten Merkmale erklären die schwach ausgeprägte Organisationsneigung der ostdeutschen Betriebe. Denn dort handelt es sich nicht nur mehrheitlich um kleine, sondern auch um neugegründete Firmen. Bei den großen Betrieben (>500 Beschäftigten) liegen die Organisationsgrade in Ost- und Westdeutschland nicht weit auseinander.

Im Schatten der weltwirtschaftlichen Strukturveränderungen seit den 70er Jahren, der deutschen Einheit und des Maastricht-Prozesses hat sich innerhalb der industriellen Beziehungen in Deutschland eine Machtverschiebung zugunsten der Unternehmen herausgebildet, die stärker als zuvor auf individuellen Lösungen in der Tarifpolitik bestehen. Seither geht es nicht mehr nur um Verteilungskonflikte, sondern immer auch um grundsätzliche institutionelle Fragen der Lohnfindung: Erstens, ob der Flächentarifvertrag als unabdingbarer, für alle gültiger Vertrag auch weiterhin das Maß der Dinge sein solle oder ob er nur noch einen Rahmen bildet, der betrieblich ausgefüllt wird. Schlagwortartig ausgedrückt, lautet die polarisierte Debatte: Reform oder Ende der überbetrieblichen Tarifpolitik. Zweitens geht es um die organisationspolitische Perspektive der Arbeitgeberverbände.

Sollten die Arbeitgeberverbände nicht mehr in der Lage sein, die für den Flächentarifvertrag notwendige Integrationsleistung gegenüber den Unternehmen zu erbringen, so hat dies auch fundamentale Auswirkungen auf die Handlungsbedingungen der Gewerkschaften. Die Zunahme von Tarif- und Verbandsflucht, die Bildung von Arbeitgeberverbänden ohne Tarifbindung sowie die tiefgreifende Organisationsproblematik der ostdeutschen Arbeitgeberverbände sind deutliche Belege für Desorganisations- bzw. Transformationsprozesse in den deutschen Arbeitgeberverbänden.

---

[7] Vgl. Wolfgang Schroeder/Burkhard Ruppert, Austritte aus Arbeitgeberverbänden. Gefahr für das deutsche Modell? Marburg 1996.

Deutlich ist allerdings auch, dass die Gewerkschaften keine abhängige Variable der Arbeitgeberverbandspolitik sind; vielmehr können sie durch eigene Initiativen auf deren Handlungsfähigkeit Einfluss nehmen. Diesbezüglich ist die Tarifpolitik die wichtigste Arena. In diesem zentralen Kernfeld gewerkschaftlicher Politik, sind die Gewerkschaften in den letzten Jahren mit zwei gegenläufigen Prozessen konfrontiert: Einerseits haben die Tarifverträge an Verbindlichkeit und Gestaltungseinfluss verloren, andererseits werden seitens der Betriebe und des Gesetzgebers neue Regelungsbereiche an die Tarifvertragsparteien übertragen.

5 Reform der Tarifpolitik: Flexibilisierung, Dezentralisierung und neue Handlungsfelder

In der alten Bundesrepublik konnten die Tarifparteien durch den Flächentarifvertrag die für alle verbandsgebundenen Betriebe einer Branche gleichermaßen gültige materielle Basis legen.[8] Derzeit spricht manches für eine neue Mischung zwischen verpflichtenden Mindestnormen und betrieblichen Gestaltungsmöglichkeiten. Die tarifpolitische Entwicklungsdynamik seit den 80er Jahren spiegelt einen funktional erhöhten Flexibilitätsbedarf auf der betrieblichen Ebene wider (vor allem: Arbeitszeit). Seit den 90er Jahren erfolgte die Einführung weiterer Gestaltungs- und Öffnungsklauseln, um in ökonomisch begründeten Notsituationen von tarifvertraglichen Mindestnormen abzuweichen. In anderen Branchen, wie beispielsweise der Chemie- oder Textilindustrie, aber auch im Bankenbereich, implementierten die Tarifparteien Korridormodelle. Die Arbeitgeber favorisieren einen Mix zwischen verpflichtenden Normen für alle, betrieblich, ertragsabhängigen und individuell leistungsbezogenen Komponenten. Das Ergebnis dieser Flexibilisierung und Dezentralisierung der Tarifpolitik wird in der Literatur auch als „kontrollierte Dezentralisierung" thematisiert[9].

Stärker als je zuvor, versuchen die Gewerkschaften verbandsflüchtige Unternehmen, mit Haus- oder Ergänzungstarifverträgen regulativ einzufangen. Zwischen 1990 und 2001 lässt sich ein 170%iger Anstieg der Firmentarifverträge feststellen: von 2.500 (1990) auf ca. 6.800 (2001).[10] Trotz dieses scheinbar unaufhaltbaren Trends ist der Flächentarifvertrag weiterhin zentraler Ausgangs-

---

[8] Vgl. Wolfgang Schroeder, Das Modell Deutschland auf dem Prüfstand. Zur Entwicklung der industriellen Beziehungen in Ostdeutschland. Opladen 2000.
[9] Vgl. Wolfgang Schroeder/Rainer Weinert, Zum Wandel industrieller Beziehungen in Deutschland, in: Zeitschrift für Politikwissenschaft, 9 (1999), S. 1295-1317.
[10] Bundesministerium für Arbeit und Sozialordnung (BMA), Tarifvertragliche Arbeitsbedingungen im Jahr 2001, Bonn 2001.

und Referenzpunkt. Aus der Sicht der Mehrheit der größeren Unternehmen wird er insbesondere deshalb wertgeschätzt, weil er die betrieblichen Transaktionskosten senkt. Daran ändert sich auch durch die kontinuierliche Abnahme der Deckungsrate derzeit noch nichts grundlegendes. Indem Öffnungsklauseln, Haus- und Ergänzungs- oder sonstige tarifliche Sonderregelungen quantitativ und qualitativ an Bedeutung zunehmen, verändern sie damit das Gesamtsystem der Arbeitsbeziehungen zugunsten eines mehrstufigen Verhandlungssystems. Durch diese neuen Instrumente kontrollierter Dezentralisierung wird das deutsche System industrieller Beziehungen in seinen prägenden institutionellen Strukturen zwar fortgesetzt, aber zugleich einem beschleunigten Wandel ausgesetzt. Denn durch die Implementation institutioneller Differenzierungen wird die Problemverarbeitungskapazität des Gesamtsystems an veränderte Umweltbedingungen angepasst. Die Schutzfunktion flächentarifvertraglicher Regelungen bleibt zwar prinzipiell erhalten, gleichwohl nimmt ihre Reichweite und Geltungskraft ab. Unter politischen Gesichtspunkten ist es entscheidend, dass die Verbände weiterhin als Herren der Verfahren fungieren, indem sie die betrieblich relevanten Regelungssachverhalte auf der intermediären Ebene vorstrukturieren, ohne jedoch grundsätzlich verhindern zu können, dass die betrieblichen Akteure ein noch größeres Eigengewicht im Gesamtsystem erhalten. Es ist deshalb davon auszugehen, dass das deutsche System der Arbeitsbeziehungen sich von einem de facto einstufigen zu einem mehrstufigen Verhandlungssystem (Betrieb, Branchen, Nation, und Europa) verändert. Und mit der Rentenreform 2001 wurde den Tarifparteien eine neue Funktion in den sozialen Sicherungssystemen zugewiesen[11]. Damit verbindet sich auch die Hoffnung, dass dies ein Mittel sein könnte, um den Beschäftigten eine soziale Kompensationsstrategie für Rentenausfälle zu eröffnen. Gleichzeitig besteht die Möglichkeit, die Gegenseite durch eine gezielte Maßnahme selektiven Nutzens, die sich auf die kleineren und mittleren Betriebe richtet, zu stabilisieren. Auf der Basis des neuen Gesetzes schlossen die Tarifparteien im Herbst 2001 in fast allen Branchen Tarifverträge ab, die einen Rechtsanspruch auf Entgeltumwandlung ermöglichen.

Mit der kontrollierten Dezentralisierung soll eine „wilde Vermarktlichung" zugunsten ausgehandelter Ergebnisse verhindert werden. Damit lassen die tarifpolitischen Akteure und Instrumente allerdings auch größere Variabilitäten zu als bei einer eindimensionalen Flächentarifvertragspolitik. Das neue Leitbild für eine Tarifpolitik, die nicht mehr nur von industriellen, großbetrieblichen Massenstandards ausgehen kann, ist somit das der nachhaltigen Regulierung von Vielfalt und Differenz. Zu berücksichtigen ist allerdings, das durch die Maßnahmen der kontrollierten Dezentralisierung bislang keine generelle Stabilisie-

---

[11] Vgl. Diether Döring, Die Zukunft der Alterssicherung. Europäische Strategien und der deutsche Weg, Frankfurt am Main 2002.

rung der Arbeitsbeziehungen erreicht werden konnte. Offensichtlich ist jedoch, dass ohne diese Veränderungen die Gegnerkrise größer und die Erosion der Tarifpolitik schneller verlaufen wäre.

6 Verknüpfung mit dem politischen System

Aus der Sicht des politischen Systems waren die Gewerkschaften bei der Etablierung neuer Strukturen auf dem Arbeitsmarkt effiziente Vetospieler, weshalb die Bundesregierung mit der im Februar 2002 eingerichteten Hartz-Kommission (Arbeitsmarkt) und bei der Rürup-Kommission (Sozialversicherungssystem) auf eine kontrolliertere und gleichsam personalisierte Form gewerkschaftlicher Beteiligung setzte. Der entscheidende Unterschied zum Bündnis für Arbeit war, dass man den Einfluss der Verbandsspitzen zurückdrängte und den Druck der Bundestagswahl nutzte, um die Gewerkschaften als Vetospieler einzubinden. Damit konnte die Steuerungsfähigkeit des Kanzleramtes temporär gestärkt werden.

Für die Gewerkschaften ist es nicht gleichgültig welche Partei die Regierung stellt. Während bei CDU/FDP-Regierungen die Gewerkschaften in der Regel nur indirekt und informell als Gesprächspartner konsultiert werden, praktizieren sozialdemokratische Parteien bislang auch direkte Formen der Beteiligung. Ob das eine oder andere für die Handlungs- und Durchsetzungsfähigkeit der Gewerkschaften besser ist, darüber gibt es zwar innerhalb der Gewerkschaften differente Auffassungen, wobei sich in der Regel die Position der Direktbeteiligung durchsetzt. Mit Beginn der Regierungsübernahme durch rot-grün (1998), wurden die Gewerkschaften wesentlich stärker einbezogen als zwischen 1982 und 1998. Die wichtigsten Schritte waren die Einrichtung eines Bündnisses für Arbeit und eine Fülle von politischen Initiativen und Gesetzen, die von der Mehrheit der Gewerkschaften bejaht wurden oder sich sogar unmittelbar zu Gunsten der Gewerkschaften auswirkten, wie das reformierte Betriebsverfassungsgesetz (2001). Aufgrund abnehmender gemeinsamer gesellschaftlicher Grundpositionen und zurückgehender personeller Überlappungen besteht die Gefahr, dass sich eine nur lobbyistische Beziehung zwischen Gewerkschaften und SPD durchsetzt. Dies würde die in vielen Bereichen bereits realisierte Entkoppelung zwischen beiden Organisationen forcieren bzw. vollenden, womit sich der Charakter der Sozialdemokratie grundlegend wandeln und die Durchsetzungschancen für Gewerkschaften deutlich minimieren würden. Gemeinsame historische Wurzeln und inhaltliche Nähe sowie personelle und verbandlicher Linkage-Strukturen bildeten bislang die Basis für den Tausch von Einflusschancen gegen Politikentlastung. Gewerkschaften brauchen die Unterstützung des politischen Systems; sie können dies aber nur dann positiv nutzen, wenn sie selbst über hinreichende eigene Autorität, Verpflichtungs- und Mobilisierungsfähigkeit verfügen.

7 Resümee

Der Schlüssel zum Verständnis gewerkschaftlicher Stärke in Deutschland war und ist ihre betriebliche Verankerung bei gleichzeitiger Fähigkeit, makroökonomischen und gesellschaftspolitischen Einfluss ausüben zu können. Zur Zeit haben die Gewerkschaften jedoch nicht nur tiefgreifende Rekrutierungsprobleme, sondern auch eine Thematisierungs- und Gestaltungskrise. Wer von der Rekrutierungskrise spricht, kann von den Thematisierungs-, Mobilisierungs- und Gestaltungsproblemen nicht schweigen.

Um unter den neuen Bedingungen zu bestehen, verfolgen die Gewerkschaften einen Mix zwischen institutionell-organisatorischen und policy-bezogenen Veränderungen im Bereich der Tarifpolitik. Die Etablierung eines Mehrebenensystems mit dezentraler, nationaler und europäischer Regulierungsebene neben der herkömmlichen Branchen-Ebene löst perspektivisch das monodimensionale Branchenniveau ab. Strukturauflösende Effekte können jedoch durch die Verkopplung der Ebenen und Akteure verhindert werden, wonach die zentrale Referenzgröße dezentraler und europäischer Vereinbarungen nach wie vor der Flächentarifvertrag bildet. Betriebsräte, Parteien und soziale Bewegungen sind aus dieser Perspektive existentielle Kooperationspartner der Gewerkschaften. Wenn die Gewerkschaften versuchen, ihre Verbindung zu den betrieblichen Akteuren zu stabilisieren, und sich für die Dynamik des tertiarisierten Arbeitsmarktes zu öffnen, so tun sie dies in dem Bewusstsein, dass sie gegenüber der betrieblichen Ebene weniger substantiell vorgeben, regeln und koordinieren können als in der Vergangenheit, sondern mehr prozedural, kommunikativ und beratend sowie dienstleistend tätig werden. Während die Verteilungspolitik aus Sicht der traditionellen gewerkschaftlichen Perspektive in eine tiefe Krise gekommen ist, hat sich nicht nur in Deutschland, sondern auch in anderen Ländern in den letzten Jahren die Tendenz gezeigt, dass sozialstaatliche Themen, wie die tarifvertragliche Regelung von Beschäftigungssicherung, Rentenanteilen und Qualifikation eine Aufwertung erfahren haben.

Die Grundthese lautet: Unzureichende strategische Reaktionen der Gewerkschaften auf den Wandel des Arbeitsmarktes und die Erosion des Normalarbeitsverhältnisses bringen sie nicht nur in eine problematische „Sündenbockrolle", sie gefährden auch deren repräsentative Funktion. Denn wenn es den Gewerkschaften nicht gelingt, den fundamentalen Wandel des Arbeitsmarktes in ihrer eigenen

Reformagenda anzuerkennen und ihre Thematisierungs- und Gestaltungspolitik glaubhaft darauf einzustellen, werden sie aus der Sündenbockrolle nicht herauskommen und von Öffentlichkeit und Arbeitgeberverbänden weiterhin moralisch haftbar gemacht. Auch wenn Gewerkschaften nicht dadurch eine Politik für Arbeitslose machen können, indem sie den Kündigungsschutz senken und die Löhne reduzieren, so müssen sie doch über Instrumente und Politiken nachdenken wie Arbeitslose schneller integriert und Langzeitarbeitslosigkeit abgebaut werden kann. Und es besteht kein Zweifel darüber, dass es bei all diesen Fragen nicht nur um die Zukunft der Gewerkschaften geht, sondern immer auch um die Zukunft des Modells Deutschland unter den Bedingungen der Europäisierung.

7. Gerechte Bildungschancen

Jürgen Zöllner

Deutschland ist es gelungen – insbesondere in den 60er und 70er Jahren des vergangenen Jahrhunderts – das Bildungsangebot erheblich auszubauen. Diese Expansion hat es jedoch nicht vermocht, die Bedeutung sozialer Herkunft für den weiteren Lebensweg der Menschen entscheidend zu beseitigen.

Der dänische Soziologe GØsta Esping-Andersen stellt dazu fest: „Die Ironie besteht darin, dass in der Wissensgesellschaft Klassen weniger sichtbar, aber umso wichtiger sind."

Dass in kaum einem anderen westlichen Industrieland die Bildungschancen eines Kindes so sehr abhängig sind von seinem Elternhaus, muss uns alle aufwühlen. Dieser Befund ist schließlich mehr als nur eine schallende Ohrfeige. Es ist einer, der das Selbstverständnis unserer Republik als einem Land erschüttert, in dem jede und jeder ihren, seinen Weg gehen kann, wenn sie und er nur fleißig genug ist. Dieser Befund fordert Staat und Gesellschaft in einem bislang nicht gekannten Maße heraus.

Einerseits der Einzelnen wegen, die nicht deswegen durch das gesellschaftliche Rost fallen dürfen, weil Mutter oder Vater leider nicht genügend Geld auf dem Konto haben.

Andererseits, weil unser Gemeinwesen es sich nicht erlauben kann, auch nur eine Begabung ungenutzt zu lassen. Dies zumal vor dem Hintergrund der vielfältigen Probleme einer alternden Gesellschaft *und* zugleich einer globalisierten Weltwirtschaft. Immer weniger Beschäftigte müssen dabei wachsende Lasten schultern – und sind dabei allergrößten beruflichen Unsicherheiten ausgesetzt.

Auf diese Problemlage kann es nur eine Antwort geben: Wir brauchen neuerlich einen quantitativen wie qualitativen Bildungsschub. Diesmal jedoch einen, bei dem wir dafür Sorge tragen, das der Bildungszuwachs nicht abermals Halt macht an sozialen Grenzen. Wir brauchen ein Verständnis von Politik, dass die Förderung von Bildung und Wissenschaft als *die* Herausforderung unserer Zeit begreift. Es bedarf aber auch des Antriebs der Bürgerinnen und Bürger, von sich aus initiativ zu werden, um auf der Höhe der Zeit zu sein und zu bleiben.

Kurzum: Gemeinsam sollten wir es anpacken, unser Land zur <u>Bildungsrepublik Deutschland</u> zu machen.

Zukunftsfähig ist unser Land nur dann, wenn in ihm ein Höchstmaß umfassend gebildeter und auf hohem Niveau ausgebildeter Menschen lebt. Gut aufgestellt in ökonomischer, kultureller und sozialer Hinsicht kann Deutschland nur sein, wenn es deutlich mehr in Bildung investiert.

Wenn es im Wortsinne mehr ausgibt, um Kindergärten, Schulen und Hochschulen erstklassig auszustatten. Wenn es andererseits aber begreift, dass mit Geld alleine die Probleme nicht zu lösen sind. Jene Probleme zumal, die auf dem eingangs beschriebenen Befund der herkunftsbezogene Abhängigkeit von Lebenschancen gründen.

Dafür bedarf es einer sozialinvestiven Dienstleistungspolitik, die Bildungs- und Betreuungsangebote schafft, die auf den Prinzipien „Fördern und Fordern" beruhen. Nur so können wir gewährleisten, dass die unterschiedlichen individuellen Startvoraussetzungen verringert werden.

Eine solche sozialinvestive Dienstleistungspolitik schreibt dem Staat die zentrale Aufgabe zu, in seiner Verantwortung umfassende Bildungsangebote vorzuhalten und den freien Zugang zur Bildung als zentralem Element der Chancengleichheit zu gewährleisten.

Der Erwerb von Bildung, Wissen und Information ist *die* soziale Frage des 21. Jahrhunderts. Auf nicht weniger als die ganze Welt bezogen steht sie gleichrangig neben der friedlichen Lösung von Konflikten, der Bekämpfung von Hunger und Armut und dem Erhalt der natürlichen Lebensgrundlagen.

Eine solche Beschreibung schreit nach Antworten und Konzepten der Politik. Antworten und Konzepte auf die völlig neuen Herausforderungen, die an das Lernen, an das Bildungssystem und an unsere Gesellschaft insgesamt gestellt werden. In der Wissensgesellschaft ist Bildung zum entscheidenden Faktor der Zukunftsfähigkeit geworden. Diesem Bedeutungszuwachs muss die Politik Rechnung tragen, indem sie Bildung in ihr Zentrum rückt.

Es hat nichts mit einem Bedeutungsverlust anderer Aufgaben zu tun, wenn man fordert, dass sich alle anderen Politikfelder auch an ihren Auswirkungen auf die Bildungspolitik messen lassen müssen.

So, wie im 19. und 20. Jahrhundert die primäre Aufgabe der Wirtschafts- und Finanzpolitik, der Gesundheits- und der Innenpolitik darin lag, die soziale Frage zu lösen, so muss es in der Wissensgesellschaft darum gehen, ein Bewusstsein dafür zu schaffen, dass die Stärkung der Bildungssystems – von der frühkindlichen Bildung bis zum Lebenslangen Lernen – *die* politische Aufgabe und Herausforderung schlechthin ist.

Für die Finanzpolitik heißt dies zum Beispiel, dass sie den Investitionsbegriff anders fassen muss. Dass Bildungsinvestitionen im Vergleich zu Sachinvestitionen diskriminiert werden, können wir nicht länger hinnehmen. Wir müssen die einseitige Privilegierung von Ausgaben in Beton beenden.

Investitionsprogramme, die aus allgemeinen wirtschaftspolitischen Gründen aufgelegt werden, sollten dahingehend überprüft werden, dass alle Möglichkeiten ausgeschöpft werden, auch die Bildungsinfrastruktur zu verbessern.

In der Innenpolitik müssen wir den Nachweis absolvierter Weiterbildungsangebote zur Grundlage von Berufskarrieren und damit Einkommen machen. Gerade im Öffentlichen Dienst haben wir da noch jede Menge Nachholbedarf.

In der Familienpolitik sollten wir eine vernünftige Balance von allgemeinen Finanzhilfen und der gezielten Unterstützung bei der Nutzung von Bildungseinrichtungen anstreben.

Bei der Eingliederung von Menschen, die aus anderen Staaten zu uns kommen, ist nichts so wichtig wie eine auf ihre Situation zugeschnittene aktive Bildungspolitik. Es gilt deshalb, Erfolg versprechende Ansätze zu intensivieren, beispielsweise durch eine gezielte Sprachförderung in den Kindergärten. Die Älteren dürfen wir dabei nicht aus den Augen verlieren. Auch für sie gilt: Wir müssen dafür sorgen, dass sie mittels Bildungsangeboten ihre Lebenschancen in einem kulturell für sie häufig anders gearteten Umfeld verbessern.

Etliche andere Beispiele ließen sich an dieser Stelle nennen. Sie alle würden belegen: Indem wir die Bildungspolitik stärken, stärken wir die gesamte Gesellschaft.

Denn es ist die Bildungsfrage, von der ein gesellschaftliches Miteinander in Frieden, Freiheit, Wohlstand und Gerechtigkeit abhängt.

Bildung und Ausbildung prägen die Persönlichkeit des Individuums und bestimmen seine Lebenschancen mit. Sie sind die Voraussetzung für gesellschaftliche Teilhabe.

Weil dies so ist, muss ein Satz in aller Deutlichkeit ausgesprochen werden: Bildung ein gesellschaftliches Anliegen! Und deshalb muss auch die gesamte Gesellschaft mitsamt ihrer Organisationen und Institutionen dafür sorgen, dass jede und jeder die Chance auf Bildung bekommt.

Dieser Befund muss deshalb so prononciert artikuliert werden, weil es Anzeichen dafür gibt, dass bestimmte gesellschaftliche Kräfte das Rad zurückdrehen und Bildung zunehmend wieder zu einer privaten Angelegenheit machen wollen. Die aktuelle Diskussion um Studiengebühren ist ein Beleg für diese Tendenz.

Die unionsgeführten Länder wollen künftig Studierende ab dem ersten Semester zur Kasse bitten und nehmen damit bewusst in Kauf, dass die ohnehin vorhandenen sozialen Barrieren weiter erhöht werden. Denn allen Beteuerungen zum Trotz, die Einführung von Studiengebühren sozial abfedern zu wollen, bestehen an der erfolgreichen Umsetzung dieses Anliegens doch erhebliche Zweifel. Man darf gespannt darauf sein, wie CDU und CSU es sicherstellen wollen, dass nicht nur Kinder ärmer Familien die Chance auf eine akademische Ausbildung haben, sondern auch die vielen Mittelschichtkinder, deren Eltern zu viel verdienen, um staatlich alimentiert zu werden, die aber nicht in der Lage sein dürften, drastische Gebühren zu zahlen. Denn dass es nicht bei den derzeit diskutierten moderaten Studiengebühren bleiben wird, ist sonnenklar.

Dieser Unterschied des Bildungsbegriffs ist fundamental. Ihm liegt zugleich ein völlig konträrer Gesellschaftsbegriff zugrunde. Gegner von Studiengebühren definieren den Wert einer akademischen Ausbildung *auch* vom Nutzen her, den die Gesellschaft daraus zieht.

Dass ein Hochschulabschluss natürlich der privaten Rendite dient, den Chancen auf einen sicheren Arbeitsplatz und ein lukratives Einkommen etwa, ist ja völlig unstrittig. Solche Faktoren sind schließlich ohne Zweifel auch eine Motivation für individuelle Lernanstrengungen. Aber niemand wird bezweifeln, dass unsere Gesellschaft für ihren Erhalt und ihre Weiterentwicklung auf bestens ausgebildete Fachkräfte angewiesen ist.

Eine staatliche Finanzierung von Bildungseinrichtungen ist deshalb überall dort notwendig, wo ein allgemeines gesellschaftliches Interesse im Vordergrund steht. Die Finanzierung kann institutionell erfolgen oder über eine gezielte Finanzierung der Inanspruchnahme von Bildungsangeboten.

Dabei ist es fatal, wenn die Bildungsprivatisierer die einzelnen Bildungsinstitutionen gegeneinander ausspielen wollen, um am Ende bei Gebühren für alle Bildungsabschnitte zu landen. Denn nichts anderes steht dahinter, wenn als Argument für die Einführung von Studiengebühren die Höhe von Kindergartenbeiträgen herangezogen wird. Anders herum wird ein Schuh daraus: Es kann nicht darum gehen, Rechtfertigungen für neue Gebühren zu suchen. Es muss darum gehen, allen den Zugang zu allen Bildungsinstitutionen zu ermöglichen.

Indem man die Verpflichtung des Staats festschreibt, ein qualitativ hochwertiges und frei zugängliches Bildungsangebot vorzuhalten, entlässt man die Nutznießerinnen und Nutznießer nicht aus ihrer Verantwortung.

In viel stärkerem Maße als bisher müssen unserer Einwohnerinnen und Einwohner ein Bewusstsein dafür entwickeln, dass ihre eigene Zukunft davon abhängt, wie viel an Wissen und Informationen sie sich aneignen und nutzen.

Von ihrem Verhalten hängt das Angebot an Bildungs- und Weiterbildungsangeboten in hohe Maße ab. Angebot und Nachfrage bedingen sich schließlich auch in dieser Hinsicht gleichermaßen.

Klar ist aber auch, dass es eine Grenze öffentlicher Finanzierung gibt und geben muss – und dies aus Prinzip, nicht nur wegen der schwierigen Lage der öffentlichen Haushalte. Immer dort, wo Individuen in erster Linie für sich persönlich einen Nutzen aus etwas ziehen, müssen sie dafür selbst zahlen.

Notwendig ist in diesem Zusammenhang auch der Verweis darauf, dass die mit öffentlichen Geldern unterhaltenen Bildungsstrukturen ihre Nutzerinnen und

Nutzer dazu verpflichten, mit diesem wertvollen Gut verantwortungsbewusst umzugehen. Auch dies lässt sich an einem Beispiel aus der Wissenschaft zeigen.

Dass der Staat ein kostenfreies Studium zeitlich limitiert, wie dies etwa bei den Studienkonten in Rheinland-Pfalz der Fall ist, ist auch Ausdruck eines solidarischen Gesellschaftsverständnisses. Es verhindert, dass Inhaber von Studienplätzen ihre Freiheit auf Kosten anderer ausleben.

Die Grenzen öffentlicher Bildungsfinanzierung sind gerade in der Weiterbildung erreicht. Angesichts der vielfältigen und internationalen Herausforderungen müssen wir unsere Anstrengungen in diesem Bereich intensivieren. Der notwendige Ausbau eines funktionierenden Weiterbildungssystems wird aber nur bezahlbar sein, wenn die staatliche Finanzierungsverantwortung dort endet, wo der individuelle Nutzen von Arbeitnehmern und Arbeitgebern überwiegt.

Das heißt, in dafür geeigneten Bereichen könnte dies über ein Bildungskonto, gespeist aus staatlichen und privaten Beiträgen, erfolgen. Dies ist die einzige Möglichkeit, in einem nachfrageorientierten Finanzierungssystem Chancengleichheit vor allem in späteren Bildungsabschnitten lebenslang zu realisieren.

Um den vielfältigen Erwartungen, Ansprüchen und Zielsetzungen gerecht werden zu können, brauchen unsere Bildungseinrichtungen klar definierte Bildungsziele. Sie liegen nicht zuletzt im Interesse jeder Einrichtung selbst, die an ihrer eigenen Profilierung im Binnenwettbewerb interessiert sein muss.

Apropos Wettbewerb: Er ist einer der elementaren Begriffe für ein modernes, der sozialen Inklusion verpflichtetes Bildungssystem. Wettbewerb steigert Leistung und zwingt immer wieder dazu, sich selbst kritisch zu hinterfragen. Damit Wettbewerb funktionieren kann, bedarf es aber fairer Regeln – und eben auch (annähernd) gerechter Chancen. Auch in dieser Hinsicht hapert es hierzulande leider beträchtlich.

Um diesen Missstand zu beseitigen, hat Rheinland-Pfalz deshalb für die Hochschulen einen entsprechenden Vorschlag in die Diskussion gebracht. Wir möchten einen völligen Systemwechsel einleiten, der auf zwei Säulen beruht. Wir möchten zum einen die echten Finanzierungskosten von Studienplätzen an die tatsächliche Inanspruchnahme dieser Plätze durch Studierende koppeln. Wir möchten zum anderen für den Finanzierungsanteil des Staates am Studium nicht mehr das Land verantwortlich machen, das Studienplätze zur Verfügung stellt, sondern jenes, aus dem die Studienberechtigten kommen. Auch dies ist nämlich eine Frage der Gerechtigkeit!

Mit einem solchen Hochschulfinanzierungssystem würden wir die Mobilität der Studierenden ebenso sichern wie die Gleichwertigkeit der Lebensverhältnisse. Vor allem aber würden wir damit einen fairen Wettbewerb um die klügsten Köpfe und attraktivsten Studienangebote eröffnen. Davon würden unsere Studierenden, die Hochschulen und damit das ganze Land profitieren.

Es kann kein Zweifel daran bestehen, dass auch künftig das Kapital als Produktionsfaktor von herausragender Bedeutung sein wird. Wissen und Kompetenz als Teilaspekte von Bildung werden aber künftig gleichrangig neben diesem Produktionsfaktor stehen.

In einer globalisierten und weitgehend schrankenlosen Welt wird Bildung zum entscheidenden Standortfaktor für die Ansiedlung von Unternehmen – und damit für eine zukunftsfähige Wirtschaftsentwicklung.

Dies hat zur Folge, dass der Staat gemeinsam mit den Tarifpartnern dafür sorgen muss, dass Qualifizierung und kontinuierliche Personalentwicklung zum zentralen Handlungsfeld werden.

Das in den vergangenen Jahren gepflegte Schielen auf die Profitmaximierung der Anteilseigner, das als „shareholder value" für die Arbeitslosigkeit mitverantwortlich ist, muss durch einen gegenteiligen Effekt substituiert werden.

Eine neue Unternehmenskultur, die sich dem „Employee value", also der Beschäftigung von hoch qualifiziert ausgebildeten Arbeitnehmerinnen und Arbeitnehmern verschreibt, wäre im Interesse der Unternehmen wie der gesamten Gesellschaft.

Ein neuer Stellenwert der Bildung ist dafür der Schlüssel, wie er es für die gesamte Fortentwicklung unseres Gemeinwesens ist.

Dieser wird aber die Tür zu einer neuen und gerechteren Gesellschaft nur öffnen, wenn wir den Wert von Bildung nicht nur in Aufsätzen und in den so gerne gehaltenen Sonntagsreden beschwören. Es kommt darauf an, den pathetischen Bekenntnissen überprüfbare Taten folgen zu lassen.

8. Perspektiven für Kinder: Auf die Kleinsten kommt es an

Kerstin Griese / Harald Scharpers

Für eine zweite Bildungsexpansion

Der Schulerfolg eines Kindes hängt nirgends so stark vom Geldbeutel der Eltern ab, wie in Deutschland. Das ist ein Skandal. Doch der Wille allein, die soziale Mobilität in unserem Lande wiederherzustellen, reicht nicht aus. In vielen Debatten darüber zeigt sich zunehmende Ratlosigkeit. Ein lautes und deutliches Plädoyer für eine andere, eine zukunftsgerichtete Prioritätensetzung tut Not: Auf die Kleinsten kommt es an, auf ihre Chancen und Möglichkeiten auf Teilhabe an Entwicklungschancen und Bildung, an Integration in die Gesellschaft.

Die Herstellung von sozialer Mobilität war ein Markenzeichen der Sozialdemokratie der siebziger Jahre. Die Bildungsexpansion war ein Erfolgsmodell. In sehr vielen Familien machte seinerzeit erstmals ein Kind das Abitur. Breite Schichten der Arbeiterklasse, denen die Bildungsmöglichkeiten zuvor verwehrt wurden, hatten erstmals die Chance zum sozialen Aufstieg. Die SPD war die Partei der Schwachen, von denen die bildungsbeflissenen Teile die Möglichkeiten durch die Bildungsreform, wie Franz Walter schreibt, „beherzt und prompt" ergriffen[1]. Die bildungsfernen, oft ungelernten Arbeiter seien hingegen nie das „wirkliche und aktive Klientel" der SPD gewesen. Und die sind zurückgeblieben. Die SPD war eben nie die Partei der Schwachen, sondern die Vertreterin der „starken Teile der Schwachen", präzisierte Walter.

Für den durch die Bildungsreform abgehängten Teil der Bevölkerung hat sich die Situation seit den siebziger Jahren zusätzlich verschärft. Massenarbeitslosigkeit und vererbte Sozialhilfekarrieren gab es damals noch nicht. Und auch kulturell hat sich viel verändert – das Privatfernsehen mit seinen unendlich vielen Kanälen ist der wichtigste Ausdruck dieses Wandels.

Damit keine Missverständnisse aufkommen: Nicht die Bildungsreform war der Fehler, sondern die Tatsache, dass sie stecken geblieben ist. Selbst von den sozialen Brennpunkten der Großstädte sind Gymnasien oder Gesamtschulen, in

---

[1] Franz Walter: Der Wandel des Wertewandels kommt bestimmt, in: *Berliner Republik* 5/2003

denen man Abitur machen kann, räumlich problemlos erreichbar. Doch die meisten kommen dort trotzdem nicht an.

In den siebziger Jahren haben vor allem die Mütter, deren Bildungschancen besonders eingeschränkt waren, den sozialen Aufstieg ihrer Kinder organisiert. Ihnen war die Rolle der nachmittäglichen Hausaufgabenbetreuerin und punktuellen Nachhilfelehrerin zugewiesen. Und wo das nicht ging, gab es immerhin einige Gesamtschulen, die an drei Tagen in der Woche Nachmittagsunterricht anboten.

Die damalige Bildungsexpansion hat die von der Sozialdemokratie vertretene Arbeiterklasse noch selbst getragen. Dass wir eine neue Phase der Expansion brauchen, liegt auf der Hand. Doch wer ist dabei der Akteur? In den marginalisierten Stadtteilen gibt es immer weniger SPD-Wähler. Selbstorganisation findet dort kaum statt. Damit hat jeder Eingriff von außen immer auch etwas Karitatives und kann leicht ins Paternalistische abrutschen: Schick dein Kind mit einem Frühstück in die Schule! Kümmere dich um seine Hausaufgaben! Und lies ihm ein Buch vor, statt vor dem Fernseher zu hocken!

Wollen wir das? Die britische *Labour Party* zeigt gelegentlich diese Anflüge moralischer Rigorosität, die mit einer gewissen Illiberalität einhergehen. Dies ist mit den Traditionen der deutschen Sozialdemokratie wenig vereinbar. Trotzdem sollte die SPD einen klaren Standpunkt beziehen und Werte setzen, gerade dann, wenn es um Kinder geht.

Eine kinderfreundliche Gesellschaft zu schaffen, in der die Kinder wieder in die Mitte der Gesellschaft zurückgeholt werden, ist eine zentrale Aufgabe für die Sozialdemokratie – und nicht nur für die. Denn das Fortschreiben der jetzigen Situation, in der wir einen großen Teil von Kindern in sozial benachteiligten Stadtteilen aufwachsen lassen, wird demokratiegefährdende Folgen haben. Bereits heute besteht für Kinder und Jugendliche ganzer Stadtteile die Realität in Aussichtslosigkeit, Sozialhilfemilieu, Schulversagen, Werteverfall, Rechtsextremismus und Kriminalität – im Osten wie im Westen. Sie haben dort geringere Bildungschancen und einen schlechteren Gesundheitszustand als in anderen Wohngegenden. Damit geht eine niedrigere Lebenserwartung einher.

Die zweite Bildungsexpansion

Wir brauchen einen *neuen* Aufbruch, eine *zweite* Bildungsexpansion. In den siebziger Jahren weitete sich das Bildungssystem nach oben aus, der Bildungsaufbruch setzte in der zweiten Hälfte der Schullaufbahn an. Gesamtschulen wurden geschaffen und Gymnasien geöffnet. Heute brauchen wir eine wirklich grundlegende Bildungsexpansion *von unten* und *nach vorne* – nämlich im Elementarbereich, beim vorschulischen Lernen. Denn wer ohne ausreichende Sprachkenntnisse in die Schule kommt – und dazu gehören immer mehr Kinder auch dann, wenn sie nicht aus Einwandererfamilien stammen – der macht bald schon seine erste „Sitzenbleiber"-Erfahrung. Für diese Kinder stellt sich die Frage nach dem Abitur überhaupt nicht. Ihnen fehlen die Startchancen, die ihnen vom Elternhaus nicht in dem Maße mitgegeben wurden, wie es das deutsche Bildungssystem erforderlich macht.

Kleine Kinder könnten und wollten lernen, ihr „Bildungshunger" solle deshalb gestillt werden, so die Kulturwissenschaftlerin Donata Elschenbroich[2]. Ihre Denkfähigkeit sei nicht geringer als die eines Erwachsenen, nur sei naturgemäß die Menge des Vorwissens kleiner. Die Zeit im Kindergarten wäre demzufolge im Idealfall eine Zeit, in der Kinder ohne festgelegten Kanon und ohne Leistungsdruck lernen würden, in der ihr Forscher- und Entdeckerdrang kindgerecht aufgegriffen werden könnte.

Während die Intelligenzleistungen bei Kleinkindern noch eng beieinander liegen, differieren sie später abhängig von der sozialen Schicht ganz erheblich. Offensichtlich ist das Fehlen von Anregung und Förderung in den sozial benachteiligten Schichten ein entscheidender Faktor für die Entwicklung der Intelligenz. Dabei spielen Sprache, sprachlicher Ausdruck und Sprachempfinden die entscheidende Rolle.

Bildung von Anfang an – das ist deshalb der entscheidende Punkt. Der Bund hat durch das Gesetz über die Ausweitung der Betreuung von Unter-Dreijährigen einen Anstoß gegeben. Und die rheinland-pfälzische Bildungsministerin Doris Ahnen hat einen bemerkenswerten Schritt getan: Demnächst sollen schon Zweijährige einen Kindergartenplatz bekommen, und das letzte Kindergartenjahr wird kostenfrei. Auch im Wahlmanifest der SPD ist Ähnliches zu finden, hier soll das Recht auf einen Kindergartenplatz ab dem ersten Geburtstag festgeschrieben werden.

Zu hoffen ist, dass mit der Aufwertung des letzten Kindergartenjahres für die Eltern nicht die Jahre davor an Bedeutung verlieren. Schon heute ist zu beobachten, dass in manchen Stadtteilen Kinder nur ein Jahr lang eine Kindertageseinrichtung besuchen. Und dies sind gerade diejenigen Kinder, die aufgrund ihres Sprachstandes sehr viel langfristiger und mit mehr Zeit gefördert werden müssten. Hier sind Ganztagsangebote sehr dringend erforderlich, weil diesen Kindern im Elternhaus die notwendigen Anregungen nicht gegeben werden.

Einen neuen Schritt, die Eltern mit einzubeziehen, gehen die Briten mit ihrem Modell des *Early Excellence Centre*. Sie sind frühpädagogische Einrichtungen, „eine Mischung aus Luxuskindergarten für sozial Benachteiligte und Eltern-

---

[2] Donata Elschenbroich: Weltwissen der Siebenjährigen, München: Kunstmann 2001

treffpunkt", wie die *Zeit* geschrieben hat[3]. Die Blair-Regierung will mit diesen Zentren – nicht ohne Erfolg – jedem Kind einen *Sure Start* ins Leben ermöglichen. Hier geht es um Bildung für die Kleinsten – nicht nur durch Sprachförderung, sondern auch durch musikalische, künstlerische, mathematische und naturwissenschaftliche Lernangebote. Hier hat niemand Angst vor vorschulischen Rechen-, Schreib- oder Leseversuchen der Kinder, denn diese lernen spielerisch und sind neugierig auf Bildungsinhalte. In Deutschland dagegen trifft man nicht selten noch auf eine Kultur des Überbehütens und die Angst vor „Überforderung".

Das Entscheidende an den *Early Excellence Centres,* die zumeist in sozialen Brennpunkten entstanden sind, ist die Einbeziehung der Eltern. Die Erzieherinnen und Erzieher besuchen die Eltern zu Hause und machen sich dort ein Bild über den Entwicklungsstand des Kindes. In den Zentren selbst werden Familienberatungen und konkrete Hilfen angeboten. Erziehungsberatung und Sprachkurse für Eltern, Gesundheitsberatung, Kochkurse und Arbeitsvermittlung – was zuvor an unterschiedlichen Orten angeboten wurde und die wirklich Betroffenen nicht so recht erreichte, ist hier gebündelt untergebracht. Langfristig sollen diese Kinder- und Familienzentren so ausgebaut werden, dass die Kinder vom Säuglingsalter bis zum zehnten Lebensjahr begleitet werden: *Wrap around care* nennt das die britische Regierung.

Empowerment ist das Ziel dieser Konzepte, genauso wie die Verbesserung der dramatisch schlechten Gesundheitssituation in vielen marginalisierten Stadtteilen. Dabei kommt man den Eltern nicht mit dem erhobenen Zeigefinger. Sie werden in ihrer Rolle ernst genommen, als Fachleute in Fragen ihres Kindes anerkannt. Sie werden dazu gedrängt, diese Rolle auszufüllen, indem sie die notwendige Hilfestellung erhalten. Ganztagsbetreuung kann die Eltern nur in Notfällen (die es aber auch oft genug gibt) aus der Erziehungsarbeit entlassen. Umgekehrt: Durch eine intensive und individuelle Elternarbeit in den Kindertageseinrichtungen müssen die Eltern fit für ihre Rolle gemacht werden.

Zuvor aber müssen die Erzieherinnen fit gemacht werden. Einige sind es bereits, aber grundsätzlich leiden wir in Deutschland darunter, dass bei uns die Erzieherausbildung nicht auf hochschulischem Niveau stattfindet. Die Idee, man benötige für Kleinkinder eine geringere pädagogische Qualifizierung als für das Unterrichten einer Schulklasse, entbehrt jeder stichhaltigen Begründung. Früher wählten noch Jugendliche mit gutem Schulerfolg aus Neigung und Engagement den Erzieherberuf – ungeachtet der bescheidenen Bezahlung. Das ist heute selten geworden. Am Beginn der Erzieherkarriere steht inzwischen meist ein durchschnittlicher Realschulabschluss. Und es ergreifen nahezu keine Männer diesen

---

[3] Martin Spiewak: Wo Mutter mit zur Kita geht, in: *Die Zeit* 49/2004

Beruf, was dringend geändert werden muss. Denn die Jungen stellen sich immer mehr als eine ganz besondere „Risikogruppe" heraus. Oft fehlen ihnen die positiven männlichen Rollenvorbilder, nicht nur bei allein erziehenden Müttern, sondern auch in solchen Familien, in denen ein Vater theoretisch vorhanden ist. Im Kindergarten treffen sie bislang kaum auf Männer – und in der Grundschule auch nicht. Das zeigt, dass es nicht nur auf die Bezahlung ankommt, denn ein Grundschullehrer verdient auch nicht weniger als ein Realschulpädagoge. Offensichtlich ist das Berufsbild derart weiblich geprägt, dass der Zugang versperrt erscheint. Hier muss eine gezielte „Männerförderung" bis hin zu einer Quotierungsregel in die Überlegungen einbezogen werden.

Der Übergang von der Vorschule in die Schule muss fließend sein und sich auf die individuellen Bedürfnisse der Kinder einstellen. Lehrkräfte und Erzieherinnen müssen eng kooperieren, Sprachförderung muss früh und sehr zielgerichtet einsetzen.

Schule muss kindgerecht sein. So wie Kindergärten ihre Erziehungsaufgaben um Bildungsziele ergänzen müssen, muss sich Schule neben der Bildung verstärkt um Erziehungsaufgaben kümmern. Und dafür braucht man Zeit. Da reicht es nicht, die Kinder um kurz nach halb zwölf wieder von der Schule nach Hause zu schicken – oft genug zu Fast Food, Gameboy und TV. Sogar im Kindergarten wurde ihnen mehr geboten.

Das Vier-Milliarden-Ganztagsschulprogramm des Bundes wird im größten Bundesland Nordrhein-Westfalen als „offene Ganztagsgrundschule" verwirklicht. Alle, die schon vorher zu wissen meinten, dass dies nicht funktionieren könne, haben sich getäuscht. Die Grundschulen, die bislang mitmachen, vermelden durchgängig Erfolge. Sicherlich gibt es anfänglich Probleme, besonders weil mit den Investitionsmitteln erst die nötigen Bauten errichtet werden müssen. Doch viele Eltern und Kinder haben das Angebot bereits sehr gut angenommen.

Wir werden auch den zweiten Schritt tun müssen: Der Nachmittag muss mit dem Vormittag zu einer Einheit verbunden werden. Für die Schülerinnen und Schüler brauchen wir den stetigen Wechsel zwischen Unterricht, anderen Lernerlebnissen, Sport, Spiel und Bewegung. Dabei kann das Nachmittagspersonal, das Erzieherinnen und Sportanleiter, ehrenamtliche Eltern und andere mit einbezieht, auch vormittags eine Bereicherung sein. Genauso werden die Lehrerinnen und Lehrer die Chance ergreifen müssen, die eine ganztägige Schule bietet. Wer Bildung und Erziehung als eine Einheit sieht, muss mehr Zeit mit den Kinder verbringen, und sie auch außerhalb des Unterrichts kennen lernen – ob beim Mittagessen oder bei Freizeitaktivitäten in einer AG.

„Beinahe ohne öffentliches Begleitgeräusch vollzieht sich die Abschiebung Hunderttausender Kinder auf ein Leben am Rande der Gesellschaft schon bei der

Vollendung ihres zehnten Lebensjahres", schreibt Ulrich Deupmann[4]. Deshalb können wir uns vor den Fragen der Schulstruktur nicht drücken. Es wird in Zukunft darum gehen, eine Verlängerung der Grundschule, die Schaffung von Gemeinschaftsschulen zu erkämpfen. Denn die Schlacht um die Gesamtschulen haben wir verloren. Weil man sie nicht als einheitliche Schule für alle durchsetzen konnte, haben wir in manchen Regionen nun ein flächendeckendes viergliedriges Schulsystem – plus die Sonderschulen für Lernbehinderte und Erziehungshilfe als fünftes Glied, das von etwa drei Prozent der Schülerinnen und Schüler besucht wird.

Damit ist die Idee der Gesamtschule gescheitert. Denn sie funktioniert nur als isoliertes Modellprojekt, das sich seine Kinder selbst aussuchen darf, oder als „Einheitsschule". Und letztere wollte oder konnte die Sozialdemokratie nun einmal nicht durchsetzen.

Stattdessen brauchen wir sechs-, acht- oder am besten neunjährige Grundschulen. Es ist keine ideologische Verbohrtheit, wenn wir gerade in Bezug auf die Pisa-Studie die hohe soziale Selektivität unseres vielgliedrigen Schulsystems herausstreichen. Die Zuweisung zu den unterschiedlichen Schulen wird nun einmal dadurch festgelegt, welchen häuslichen Hintergrund das Kind hat. Mittelschicht-Lehrer haben zunehmend Schwierigkeiten im Umgang mit Schülerinnen und Schülern, die durch das sozial marginalisierte Milieu ihres Umfeldes geprägt sind. Hier ist das Durchreichen im Schulsystem „nach unten" weniger eine Bequemlichkeit als die systemimmanente Logik.

Eine neue Bildungsexpansion nach unten und die Bekämpfung der sozialen Selektion an den Schulen ist nicht nur eine Frage der Gerechtigkeit. Sondern sie sind genauso eine harte ökonomische Notwendigkeit. Selbst wenn wir es schaffen würden, den Geburtenrückgang zu stoppen und umzukehren sowie für eine gesellschaftsverträgliche Zuwanderung zu sorgen, gibt es unumkehrbar einen erheblichen demografischen Wandel. Die Alten werden immer mehr, die Jungen immer weniger. Das steht bereits fest.

Auch wenn die Seniorinnen und Senioren auch im Erwerbsleben länger aktiv bleiben, kommt es in Zukunft verstärkt auf die Jungen an. Alle Prognosen sind sich einig, dass es eine deutliche Ausweitung an Beschäftigung in höher qualifizierten Bereichen geben wird – während einfache Tätigkeiten weiterhin erheblich zurückgehen werden. Ohne das Ausschöpfen der Bildungspotenziale aller jungen Menschen wird unsere schrumpfende Gesellschaft in erhebliche Schwierigkeiten geraten. Etwa fünfzig Prozent aller Schülerinnen und Schüler müssten eine Hochschulzugangsberechtigung erwerben. Und Schulabgänger ohne Abschluss dürfte es gar nicht mehr geben.

---

[4] Ulrich Deupmann: Die Macht der Kinder, Frankfurt/M.: S. Fischer 2005

Armut und Reichtum

Der Armuts- und Reichtumsbericht der Bundesregierung liest sich wie ein dringender Appell für eine zweite Bildungsreform. Armut und Reichtum klaffen in unserer Gesellschaft immer weiter auseinander, materielle Armut folgt meist aus der Armut der Eltern. „Aber viel kritischer ist es, dass diese ‚Vererbung' für Bildungsarmut noch viel ausgeprägter ist, und sie wirkt in der Wissensgesellschaft wie ein ausbruchssicheres Gefängnis", schreibt Jutta Allmendinger[5].

Armut geht über materielle Not weit hinaus: fehlende Schulbildung und Gesundheit, Suchtmittel, Erwerbslosigkeit – den Ausbruch aus diesem Milieu können finanzielle Zuweisungen an den Einzelnen meist nicht bewirken. Vielmehr ist Bildung der Schlüsselbegriff. Deshalb ist die zweite Bildungsreform das zentrale Projekt für die Zukunft unserer Gesellschaft: die notwendige Bildungsexpansion „nach unten".

Wichtig ist, dass diese Bildungsexpansion kein Projekt für die Unterschichten ist, bei denen Sozialarbeiter und Lehrer in den benachteiligten Stadtteilen für Wertevermittlung und Moral sorgen sollen. Es geht tatsächlich um die Gesellschaft insgesamt, deren enormer Wandel in den achtziger und neunziger Jahren verschlafen wurde. Andere Länder hatten damals schon längst erkannt, dass die Gesellschaft ihrer Mitverantwortung an der Erziehung, Förderung und Betreuung bereits der Kleinkinder gerecht werden muss.

Bei der *direkten* finanziellen Förderung von Kindern liegt Deutschland EU-weit an der Spitze. Bei der Möglichkeit dagegen, Kinder und Erwerbstätigkeit miteinander zu vereinbaren, liegen wir weit hinten. Die Geburtenrate ist in Europa dort am höchsten, wo die Frauenerwerbsquote hoch und die Kinderbetreuung gut geregelt ist. Der von der Prognos AG im Auftrag des Familienministeriums erstellte „Familienatlas" stellt fest, dass in Deutschland die Kinderzahlen dort hoch sind, wo niedrige Arbeitslosigkeit, geringe Kriminalität und eine vergleichsweise schlechte Kinderbetreuung aufeinander treffen[6]. „Der Mut zum Kind ist größer, wo traditionelle Familienstrukturen und eine geringe Frauenerwerbsquote zusammenkommen", stellte Tissy Bruns ernüchtert fest[7].

Auch eine Forsa-Erhebung im Auftrag der Zeitschrift *Eltern* ergab, dass fehlende Kinderbetreuung nur als nachrangige Ursache für Kinderlosigkeit emp-

---

[5] Jutta Allmendinger: Im Mittelpunkt – Der Mensch, Beitrag zum 4. SPD-Programmforum am 19.5.2005
(http://www.programmdebatte.spd.de/servlet/PB/show/1049378/190505_programmforum_allmendinger.pdf)
[6] Matthias Bucksteeg u.a.: Potenziale erschließen – Familienatlas 2005, hg. vom Bundesfamilienministerium 2005 (http://www.prognos.com/familienatlas/p_familienatlas_download.html)
[7] Tissy Bruns: Kleine Freuden, in: *Der Tagesspiegel* 19.1.2005

funden wird[8]. Stattdessen sagten 44 Prozent der befragten Kinderlosen, der passende Partner fehle. Gleichzeitig wird klar, dass ökonomische Fragen und die Sorge um den Arbeitsplatz vordringliche Gründe sind, auf Kinder zu verzichten. Der Staat kann aber nicht unbefristete Arbeitsplätze für alle schaffen. Deshalb ist es umso mehr seine Aufgabe, wenigstens für eine tragfähige Kinderbetreuung zu sorgen. Auf diese Weise können die Eltern ihre ökonomische Situation selbst in die Hand nehmen.

Zusätzliche Anreize gäbe ein Elterngeld, wie wir es aus Schweden kennen. Dort handelt es sich um eine Lohnersatzleistung, die ähnlich wie das Arbeitslosengeld aus einer Versicherung gespeist wird.

Für ein Jahr lang würden etwa zwei Drittel des vorherigen Arbeitseinkommens weitergezahlt – so lautet die Elterngeld-Idee, die im Bundesfamilienministerium gereift ist. Klar ist, dass damit die Geburtenrate auch nicht nach oben schnellen würde. Aber es wäre ein Anreiz, dass auch Väter sich mehr an der Erziehungsarbeit beteiligen würden. Deswegen wäre es zusätzlich notwendig, zwei oder drei Monate dieser bezahlten Elternzeit exklusiv für den Vater zu reservieren. Damit könnte im männlichen Teil der Gesellschaft einiges in Bewegung kommen. Zwar erzählen uns die Statistiken meist nur, wie viel – oder wenig – Kinder eine Frau hat. Wir wissen, dass Akademikerinnen doppelt so häufig kinderlos sind, wie Frauen mit Hauptschulabschluss. Dass oft der Mann noch weniger mit Kindern zu tun haben möchte, scheint nicht groß zu interessieren. Dass der passende Partner für den Kinderwunsch fehlt, ist häufiger eine Klage der Frau, als die des Mannes. Ein Wertewandel, angestoßen durch das Elterngeld, wäre somit – wenn auch scheinbar indirekt – ein Schritt auf eine kinderfreundlichere Gesellschaft. Denn ohne engagierte Väter ist die in der heutigen Zeit nicht mehr möglich.

Das Elterngeld wäre eine Maßnahme, um die Zahl der Kinder in den Mittelschichten zu erhöhen. Denn wenn sich in Deutschland nichts ändert, werden Kinder zu einem Privileg sozial benachteiligter und bildungsferner Schichten. Das sind sie teilweise schon heute. Das ist auch *eine* Erklärung für die schlechten deutschen Bildungsergebnisse in den internationalen Vergleichsstudien.

Weil auch den Kindern in sozial benachteiligten Verhältnissen nicht geholfen ist, wenn Kinderreichtum zu einem Phänomen sozialer Randgruppen wird, muss eine integrative Politik für mehr Kinder in der Mitte der Gesellschaft sorgen. Denn die relativ wenigen Kinder, die dort momentan geboren werden, verlassen diese Mitte – zumindest räumlich. Sie ziehen in die Reihenhaus- und Eigenheimsiedlungen am Rande und außerhalb der Städte. Die geografische Siedlungsstruktur der Städte verbildlicht, was der Gesellschaft insgesamt droht: Kin-

---

[8] Britta Pohl: Mehr Kinder. Mehr Leben, 19.10.2004 (http://www.eltern.de/pdf/forsa.pdf)

derreichtum in den großen ehemaligen Arbeitervierteln, die Kinder der Wohlhabenden in den kleinen Eigenheimsiedlungen am anderen Ende der Stadt. Und in der Mitte von Stadt und Gesellschaft werden Kinder zu exotischen Ausnahmen. So verliert die Gesellschaft ein Stück ihrer Zukunftsfähigkeit.

Mehr Geld für Bildung und Betreuung

Bleibt die Frage, wie wir die kinderfreundliche Gesellschaft finanzieren. Oftmals schlagen selbst seriöse Presseorgane und Politiker vor, dies sollten die wohlhabenden Eltern tun, indem sie auf ihr Kindergeld verzichten. Ein seltsamer Vorschlag: Die „Besserverdienenden" bekommen ja gar kein Kindergeld im engeren Sinne, sondern sie haben einen verfassungsrechtlich garantierten Kinderfreibetrag, der für eine deutlich höhere Steuerersparnis sorgt.

Eigentlich sollten verstärkte Investitionen in Kinder und Bildung auch in Deutschland möglich sein. Schließlich sind viele unserer west- und nordeuropäischen Nachbarländer dazu auch in der Lage. Die können sich französische *école maternelles* oder finnische Schulen leisten – ohne dass ihr Staatshaushalt auf Überfluss beruht oder es der Gesellschaft an anderen Stellen übermäßig mangelt.

Das Deutsche Institut für Wirtschaftsforschung (DIW) hat aufgezeigt, dass der volkswirtschaftliche Gewinn einer Investition in Kindertageseinrichtungen die Kosten um ein Vielfaches übersteigt[9]. Bereits die Beschäftigung erwerbswilliger Mütter mit akademischer Ausbildung würde für die öffentlichen Kassen Einnahmen in Höhe von 2,5 Milliarden Euro bedeuten. Pädagogisch hochwertige Kinderbetreuung führe zudem zu Einsparungen: bei den Sonderschulen, bei der Jugendhilfe, der Integration von Einwanderern, bis langfristig hin zur Kriminalitätsvermeidung. Diesen Nutzen zu beziffern wagt das DIW indes nicht. Belegt sei freilich, dass die Rendite einer frühen kindlichen Förderung und Erziehung höher sei als die bei Erziehungsleistungen zu einem späteren Zeitpunkt. Und es hat herausgefunden, wie stark Unternehmen von Investitionen in Familienfreundlichkeit am Arbeitsplatz profitieren würden. Jeder investierte Euro zahle sich dreifach aus: sei es durch kürzere Zeitspannen, in denen hoch qualifiziertes Personal aussetzt, durch eine höhere Arbeitszufriedenheit und Motivation, durch bessere Organisation und niedrigeren Krankenstand.

Recht hat der rheinland-pfälzische Finanzminister Gernot Mittler: „Eigentlich können wir es uns finanziell nicht erlauben, aber wir können uns auch nicht erlauben, es nicht zu machen", sagte er in Hinblick auf das beitragsfreie letzte Kindergartenjahr, das es in seinem Bundesland ab 2006 geben wird. Vermutlich

---

[9] C. Katharina Spieß, Kosten und Nutzen von Kinderbetreuung, in: Renate Schmidt, Liz Mohn (Hg.): Familie bringt Gewinn, Gütersloh: Bertelsmann Stiftung 2004

weiß er, dass die Folgekosten eines Auseinanderbrechens unserer Gesellschaft – nämlich in einen von Armut und fehlenden Bildungschancen geprägten Teil, und einen komfortabel lebenden, oftmals kinderlosen Teil – weitaus höher wären.

9. Gesundheit für alle

Karl W Lauterbach / Stephanie Stock

1 Auf dem Weg zu einer neuen Gesundheitspolitik

Das deutsche Gesundheitswesen steht vor großen Herausforderungen. Hinter diesem lapidaren Satz verbergen sich große Reformnotwendigkeiten, die tiefgreifende Einschnitte in die bestehenden Machtverhältnisse und Strukturen erfordern. Trotz der in allen Bereichen der sozialen Sicherungssysteme andauernden Reformdebatten, werden die sozialen, demographischen und ökonomischen Veränderungen der nächsten Jahrzehnte in ihren Auswirkungen auf die sozialen Sicherungssysteme häufig auf die Frage der Finanzierung reduziert. Unstrittig ist eine nachhaltige Finanzierung der sozialen Sicherungssysteme eine wichtige Basis für die Zukunft des Sozialstaates. Ob sie erfolgreich gemeistert werden kann, hängt in hohem Maße davon ab, in wie weit zukünftige Reformen die Grundlage für eine Verbesserung von Innovationskraft, Produktivität und Chancengleichheit legen können. Der künftige Wohlstand des Landes - und in der Folge die Zukunft der umlagefinanzierten Sozialsysteme - wird auch durch die Gesundheitspolitik mitentschieden werden. Menschen können nur dann Eigenverantwortung übernehmen und aktiv und ohne Einschränkung an den Möglichkeiten einer Gesellschaft teilnehmen, wenn sie gesundheitlich dazu in der Lage sind. Es ist die Aufgabe einer zukunftsorientierten Gesundheitspolitik daran mit zu wirken, dass durch eine möglichst hohe Chancengleichheit Potenziale aller Schichten der Gesellschaft für eine höhere Innovationskraft und Produktivität zur Verfügung stehen.

Die seit 1998 eingeleitete Neuorientierung der Gesundheitspolitik hat sich zum Ziel gesetzt verkrustet Strukturen aufzubrechen und die Eigenverantwortlichkeit von Patienten zu stärken. Beide Ziele waren seit der Einführung des Gesundheitsstrukturgesetzes (GSG) rudimentär angelegt. Die mit dem GSG eingeführte Wahlfreiheit der Versicherten sollte die Eigenverantwortlichkeit der Versicherten und den Wettbewerb unter den Krankenkassen fördern. In dem von Wirtschafts-, Interessens-, Lobby- und Standesgruppen geprägten System schwächte die Blockadehaltung unterschiedliche Gruppen immer wieder strukturverändernde Reformmaßnahmen ab, was im Resultat zu einem Übergewicht kostendämpfender gegenüber wettbewerblichen Maßnahmen führte. Erst dem Gesundheitsmodernisierungsgesetz ist es gelungen, die im GSG angelegten und in der Gesundheitspolitik seit 1998 verfolgten Ziele zu einheitlichen Rahmenbedingungen in einer patientenorientierten Wettbewerbsordnung zusammenzufassen.

Die neue Phase der Gesundheitspolitik seit 2004 muss die Rolle des Staates beim Aufbau einer modernen, qualitäts- und patientenorientierten Wettbewerbsordnung neu definieren. Sie muss die anstehenden Herausforderungen angemessen berücksichtigen, verschiedene Bereiche der Politik enger verknüpfen, die wettbewerbliche Ausgestaltung weiter vorantreiben und gleichzeitig konsentierte Werte einer Gemeinwohlorientierung wie Solidarität und Chancengleichheit umsetzen. Erste Reformmaßnahmen seit 1998 umfassen strukturverändernde und wettbewerbsfördernde Maßnahmen wie die Weiterentwicklung des Risikostrukturausgleichs zu einem vollständig morbiditätsorientierten Risikostrukturausgleich, die Einführung eines pauschalierten Entgeltsystems im stationären Bereich, die Einführung neuer Versorgungsmodelle neben der Regelversorgung sowie die Stärkung der Patientensouveränität durch mehr Transparenz sowie Qualitätsvergleiche im stationären Bereich.

2 Herausforderungen an das Gesundheitssystem und die Gesundheitspolitik

Das deutsche Gesundheitssystem galt international lange als Vorbild bezüglich der Sicherstellung einer flächendeckenden und ausreichenden Versorgung des größten Teils der Bevölkerung. In den letzten Jahren wurde im internationalen Vergleich verstärkt Kritik an der Effizienz und der erzielten Qualität des Systems geäußert. Eine evolutorische Weiterentwicklung des Systems ist daher unabdingbar, wenn die anstehenden Herausforderungen bewältigt werden sollen.

Der demographische Wandel

Die Gesundheitspolitik muss in mehrfacher Hinsicht auf die demographische Entwicklung reagieren. Durch das Sinken der Geburtenzahlen von 2,5 pro Frau in den sechziger Jahren auf jetzt ca. 1,4 Kinder pro Frau sind in den letzten 30 Jahren ca. 10 Millionen Kinder zu wenig geboren worden. Diese nicht geborenen Kinder können später keine Beiträge zu den umlagefinanzierten Sozialsystemen leisten und sie werden nicht als Eltern für eigene Kinder zur Verfügung stehen. Dies bedingt ein kontinuierliches Schrumpfen und eine gleichzeitigen Überalterung der Bevölkerung, da der Anteil der Jugendlichen an der Gesellschaft prozentual sinkt. Davon unabhängig steigt die fernere Lebenserwartung der über

60-jährigen Menschen weiter an. Bis 2050 wird damit gerechnet, dass ein 60-jähriger Mann eine Zunahme der ferneren Lebenserwartung um 2,7 Jahre eine 60-jährige Frau um 3,5 Jahre erwarten kann. Die daraus resultierende doppelte Alterung der Gesellschaft hat Auswirkungen auf die Finanzierung der sozialen Sicherungssysteme, die Leistungsinanspruchnahme und die Versorgungsstrukturen. Mit einem steigenden Durchschnittsalter der Bevölkerung ist i.d.R. eine Zunahme der Häufigkeit chronischer Erkrankungen verbunden. Für die Finanzierung der gesetzlichen Krankenversicherung bedeutet dies, dass weniger Mittel steigenden Leistungsausgaben gegenüberstehen, falls nicht stärker als bisher in Prävention investiert wird. Durch gezielte Prävention kann der durchschnittliche Gesundheitszustand der Bevölkerung verbessert werden und die Morbiditätslast einer alternden Bevölkerung gesenkt werden. Herausragendes Ziel der Gesundheitspolitik für eine alternde Bevölkerung sollte es daher sein, den durchschnittlichen Gesundheitszustand zu verbessern. Die wirksamste Strategie dazu ist die Förderung der primären Prävention.

Chronische Erkrankungen als Armutsrisiko

Bis heute konnte die schichtspezifische Korrelation von Bildungschancen und Gesundheitszustand in der bundesrepublikanischen Gesellschaft nicht aufgelöst werden. Epidemiologische Studien belegen immer wieder, dass Schichtzugehörigkeit, Einkommen und Bildungsstand auch heute noch eine wichtige Rolle in der Ausbildung gesundheitsrelevanter Verhaltensweisen und Einstellungen spielen. Niedrigere soziale Schichten weisen für viele Risikofaktoren ein deutlich höheres gesundheitliches Risikoverhalten auf als höhere soziale Schichten. Daher können sozialer Status, lang anhaltende Arbeitslosigkeit und niedriges Einkommen als wichtige Determinanten für Krankheit und das Vorhandensein von krank machenden Risikofaktoren gelten. Es gilt nicht nur, dass schichtspezifische Lebensbedingungen Krankheit erzeugen, sondern umgekehrt kann Krankheit auch die sozialen Lebensumstände verändern. Dies ist insbesondere bei Suchterkrankungen und chronischen Erkrankungen der Fall. Hier kommt den sozialen Sicherungssystemen in zweierlei Hinsicht eine herausragende Bedeutung zu: Erstens der Schutz des Erkrankten vor dem sozialen Abstieg und zweitens die Verbesserung der Lebensbedingungen sozial schwächerer Schichten, um armutsbedingte Krankheit zu vermeiden. Während Armut als direkte Folge von Krankheit in Deutschland durch die sozialen Sicherungssysteme in extremen Ausprägungen vermieden wird, haben sozial Schwächere immer noch schlechtere Gesundheitschancen und damit schlechtere Chancen an der Gesellschaft teilzuhaben und Eigenverantwortung zu übernehmen. Gezielte Prävention muss daher schichtspezifischen Unterschieden in der Ausprägung der Risikofaktoren und im Gesundheitszustand gezielt thematisieren. In der Regel wird diese Aufgabe der Primärprävention mit ihren lebensweltbezogenen Ansätzen zugewiesen. Allerdings spielt hier auch die systematische und evidenzbasierte Sekundärprävention, wie sie z.B. im Rahmen von Disease Management Programmen durchgeführt wird, eine wichtige Rolle. Denn gerade bei chronischen Erkrankungen sind schichtspezifische Zusammenhänge zwischen Risikofaktoren und Sterblichkeit bedeutend.

Kosten- und Marktentwicklung im Gesundheitswesen

Der Gesundheitsmarkt macht mit 234 Milliarden Euro mehr als 11% des Bruttoinlandsprodukts aus. Jeder neunte Erwachsene in Deutschland, der berufstätig ist, arbeitet inzwischen im Gesundheitssystem. Mit 4,2 Millionen Arbeitsplätzen war das Gesundheitssystem 2003 einer der größten Arbeitgeber und einer der wenigen Bereiche, in dem Arbeitsplätze geschaffen wurden. Ob im Gesundheitsmarkt weiteres Potenzial steckt, wird unterschiedlich beurteilt. Während einige Experten eher eine Umschichtung von Arbeitsplätzen z.B. von der Pharmazeutischen Industrie in die Pflege erwarten, rechnen andere aufgrund der demographischen Entwicklung mit deutlich steigender Nachfrage und Beschäftigtenzahlen. Unabhängig von den Prognosen werden die Rahmenbedingungen letztlich darüber entscheiden, ob das Gesundheitssystem ein Wachstumsmarkt bleibt oder nicht. Eine der Fragen, die in diesem Zusammenhang beantwortet werden muss, wird sein, ob die Gesundheitspolitik die Hebung von Effizienzreserven oder die Erschließung neuer finanzieller Mittel priorisiert. Unabhängig von einer möglichen Verbreiterung der Beitragsbasis können zusätzliche Mittel durch eine aktive Ausweitung des Gesundheitstourismus nach Deutschland oder zusätzliche Versorgungsangebote für eine alternde Gesellschaft ins System gelangen. Hier können z.B. Wellness- und Dienstleistungsangebote genannt werden, die nicht Bestandteil eines solidarisch finanzierten Leistungskatalogs sein sollten und privat finanziert werden können. Unabhängig von solchen zusätzlichen Angeboten gehen manche Prognosen aufgrund der Demographie von einem zusätzlichen Versorgungsbedarf von 20 bis 25% bis 2030 aus. Dem stehen Schätzungen von bis zu 20 bis 25% Qualitäts- und Effizienzreserven des Systems gegenüber.

3 Strukturprobleme, Qualitäts- und Effizienzreserven

Strukturprobleme

Es ist inzwischen in allen gesundheitspolitischen Lagern unumstritten, dass eine Anpassung von Strukturen an Stelle von echten Strukturreformen nicht zu den erforderlichen Veränderungen des Systems führen werden. Die Orientierung aller gesundheitspolitischer Akteure an Einzelinteressen verhinderte jahrzehntelang Veränderungen und führte zu negativen Auswirkungen auf Effizienz und Qualität der Versorgung. Entsprechend blieben viele Reformmaßnahmen des Gesetzgebers im Kern Kostendämpfungsmaßnahmen mit kurzfristigen Auswirkungen auf die Kostenstabilisierung (Abbildung)

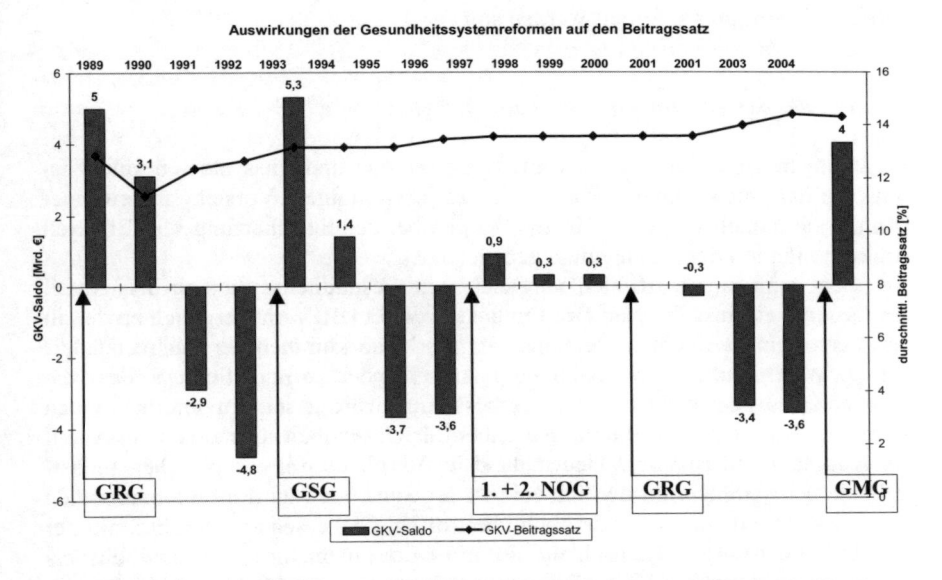

Auswirkungen der Gesundheitssystemreformen auf den Beitragssatz

Die Verhinderung grundlegender Veränderungen der Strukturen durch die unterschiedlichen Interessensgruppen ist einer der Hauptursachen für das Nebeneinander von Über-, Unter- und Fehlversorgung im Gesundheitswesen und die daraus resultierenden Qualitätsprobleme. Der Sachverständigenrat für die Konzertierte Aktion im Gesundheitswesen hat in seinem Jahresgutachten 2000/ 2001 „Über-, Unter und Fehlversorgung" bereits darauf hingewiesen und die Problematik an Hand wichtiger chronischer Erkrankungen belegt. Er kommt zu dem Schluss, dass das Kernproblem der Qualitäts- und Versorgungsdefizite die durch die verkrusteten Strukturen bedingte Parallelität von Über-, Unter- und Fehlversorgung ist.

Die Auswirkungen dieser Fehlsteuerungen auf die Effizienz und Qualität des Systems sind inzwischen so gravierend, dass die Stärken des deutschen Systems häufig in der Diskussion um die Korrektur der Fehlenentwicklungen in Vergessenheit geraten. Dies hängt zum Teil damit zusammen, dass viele der Stärken wie z.B. eine Versorgung ohne Wartelisten und ausreichende Kapazitäten sowie der umfangreiche Versicherungsschutz und der einkommensunabhängige Leistungsanspruch ohne Strukturreform zur derzeitigen Ausprägung der Versorgungs- und Effizienzdefiziten beitragen. So ist z.B. das Vorhandensein ausreichender Kapazitäten bei einer starren sektoralen Trennung eine wichtige Ursache für Über- und Fehlversorgung. Die Korrektur solcher Fehlsteuerungen ist daher unerlässlich, wenn zukünftig eine patienten- qualitäts- und effizienzorientierte Versorgung gefördert werden soll.

Effizienz des Systems im internationalen Vergleich

Schätzungen zum Vergleich der Effizienz von Gesundheitssystemen sind wissenschaftlich nicht unumstritten. Mit der notwendigen Vorsicht angewendet können sie jedoch wertvolle Hilfestellungen bei der Einschätzung von Effekten strukturverändernder Maßnahmen geben.

Legt man einem Effizienzvergleich von Gesundheitssystemen den Anteil der Gesundheitsausgaben am Bruttoinlandsprodukt (BIP) im Vergleich zu den in der Versorgung erreichten Outcomes zugrunde, so kommen der Sachverständigenrat, WHO und OECD unabhängig voneinander zu dem Schluss, dass die Effizienz des deutschen Systems verbesserungswürdig sei. Im internationalen Vergleich hat Deutschland hohe Ausgaben für Gesundheit. Gemessen am Anteil der Ausgaben am BIP liegt Deutschland im Vergleich mit europäischen Industrieländern zusammen mit der Schweiz an der Spitze und wird im internationalen Vergleich nur von den USA deutlich übertroffen. Gemessen am Durchschnitt der OECD-Länder wird in Deutschland fast ein Drittel mehr für die Gesundheitsversorgung aufgewendet als in vielen vergleichbaren Industrieländern (Abbildung).

Abbildung : Internationaler Vergleich Gesundheitsausgaben am BIP

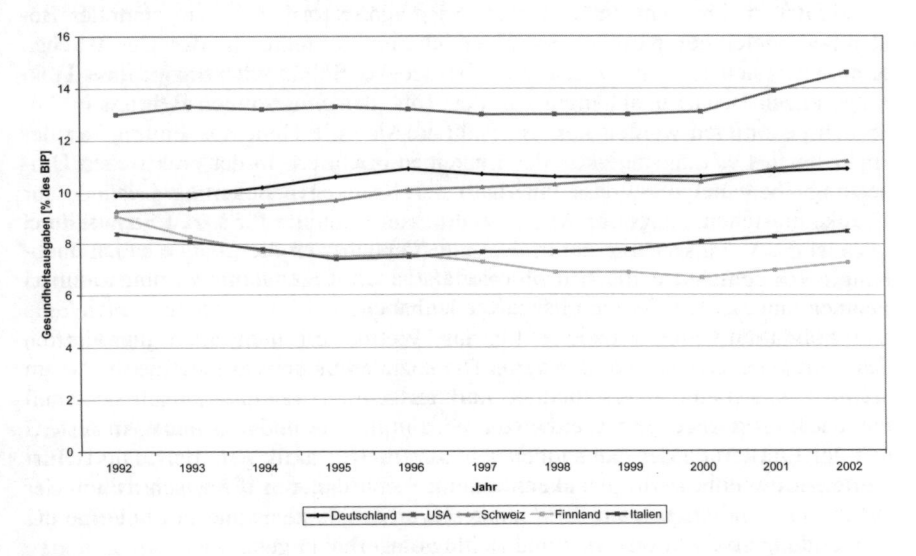

Die OECD leitet daraus pauschal ineffiziente Versorgungsstrukturen sowie eine ineffiziente Mittelverwendung ab. Der Sachverständigenrat hingegen konkretisiert seine Kritik des zu hohen Mitteleinsatzes im Vergleich zu den erzielten Versorgungsergebnissen indem er sich gezielt auf die Versorgungsstrukturen für chronisch Kranke bezieht.

Qualität der Versorgung

In diesem Bereich, so das Fazit des Sachverständigenrats, sind die gravierendsten Defizite durch das Fehlen evidenzbasierter nationaler Leitlinien, das Fehlen nationaler Versorgungsziele und das Fehlen sektorenübergreifender Versorgungsstrukturen bedingt. Hinzu kommen Defizite in der Sekundärprävention sowie die Ausrichtung des Systems auf die Akutversorgung, was zu einer Vernachlässigung der Bedürfnisse chronisch Kranker führt. Da diese den größten Anteil an der Inanspruchnahme von Gesundheitsleistungen haben, führen diese Qualitätsdefizite zu erheblichen Kosten im System und verursachen Einschränkungen in der Lebensqualität chronisch Kranker.

Solidarität und Wettbewerb – Chancen und Grenzen

Solidarität in ihren unterschiedlichen Ausprägungsformen ist ein zentraler Bestandteil vieler europäischer Sozialversicherungssysteme. In der Gesetzlichen Krankenversicherung in Deutschland besagt das Solidaritätsprinzip, dass Leistungen nach Bedarf unabhängig von der Höhe des eingezahlten Beitrags in Anspruch genommen werden können, während sich die Höhe des Beitrags an der finanziellen Leistungsfähigkeit des Einzelnen orientiert. In der praktischen Umsetzung bedeutet dies, dass innerhalb der Krankenversicherung Gesunde für Kranke einstehen, Junge für Alte, sozial besser Gestellte für sozial Schwächere. Dies ist die Voraussetzung dafür, dass alle Versicherten die Chance haben unabhängig von schichtspezifischen Morbiditätsrisiken, Eigenverantwortung zu übernehmen und aktiv an der Gesellschaft teilzuhaben.

Solidarität bedeutet gleichzeitig, dass Wettbewerb nicht allein den Kräften des Marktes überlassen werden kann. Die sozialen Sicherungssysteme in Europa setzen dazu auf eine unterschiedlich stark ausgeprägte regulative Rolle des Staates. Dieser sog. regulierte Wettbewerb wird in der Gesundheitspolitik spätestens seit der Einführung des Gesundheitsstrukturgesetzes aktiv gefördert. Die Befürworter des Wettbewerbsgedankens erhoffen sich dadurch die Erschließung der auf 20 bis 25% geschätzten Effizienzreserven des Systems und in der Folge die Vermeidung von Rationierung und Beitragssatzerhöhungen.

Die ersten Erfahrungen mit „mehr Wettbewerb" innerhalb der Gesetzlichen Krankenversicherung sind zwiespältig. Die von der Einführung des Kassenwahlrechts und des Risikostrukturausgleichs erhofften Impulse zur Stärkung eines solidarischen Wettbewerbs blieben hinter den Erwartungen zurück. An die Stelle eines Wettbewerbs um Versorgungsqualität und qualitativ hochwertige Versorgungsangebote beschränkte sich der Wettbewerb unter den Kassen auf die Gewinnung junger und gesunder Versicherter und die Höhe des Beitragssatzes wurde zum zentralen Wettbewerbsfaktor. Eine wichtige Ursache für diese Fehlsteuerung ist die ungenügende Abbildung der Morbidität der Versicherten im Risikostrukturausgleich (RSA). Die Abschätzung der Morbidität der Versicherten im RSA mit Hilfe der Variablen Alter, Geschlecht, Erwerbs- / Berufsunfähigkeit und Anspruch auf Krankengeld hat sich als zu grob erwiesen, da chronisch Kranke und relativ gesunde in die gleiche Kategorie fallen. Die Höhe der Leistungsinanspruchnahme differiert durchschnittlich jedoch um den Faktor 4. Für „Gesunde" erhielten die Kassen daher zu viel und für chronisch Kranke zu wenig Geld im RSA gutgeschrieben. Diese Konstellation machte es für Kassen unattraktiv sich durch gute Versorgungsangebote zu differenzieren. Boten sie gutes Versorgungsmanagement so mussten sie befürchten, vermehrt chronisch Kranke anzuziehen, für die sie aus dem Risikostrukturausgleich einen zu geringen Ausgleich (gemessen an den durchschnittlichen Kosten, die sie verursachen) erhalten würden. Durch die zusätzliche Einführung der Variable ‚Einschreibung in ein Disease Management Programm' als Morbiditätskriterium konnte diese Fehlsteuerung im Wettbewerb abgefedert werden. Die Reform des RSA mit der Einführung eines vollständig morbiditätsorientieren RSA ist für 2007 vorgesehen.

Auch die Möglichkeiten der Integrierten Versorgung, die mit dem Gesundheitsreformgesetz 2000 eingeführt wurde, blieben aufgrund von Unsicherheiten für die Leistungsträger in den wettbewerblichen Rahmenbedingungen weitgehend ungenutzt. Gleichzeitig fehlten für einzelne Leistungserbringer bzw. Gruppen von Leistungserbringern Anreize, sich durch Qualität oder Wirtschaftlichkeit der Leistungserbringung zu differenzieren. Qualitativ hochwertige Versorgungsangebote konnten nur in sehr geringem Umfang durch die Kassen honoriert werden.

Wettbewerb verspricht mehr für weniger. Um allerdings Kostenstabilisierung nicht durch niedrigere Versorgungsqualität zu erkaufen, wurde mit der Einführung wettbewerblicher Elemente in die Gesetzliche Krankenversicherung durch das GSG 1992 nominell die Sicherung der Versorgungsqualität zum gleichberechtigten Ziel neben der Steigerung der Effizienz festgeschrieben. Während jedoch Effizienzsteigerung in großen Teilen als reine Kostenkontrolle verstanden wurde und mit starken Anreizen versehen wurde, blieb die Qualitätssicherung ohne vergleichbare Anreize. Die für einen Qualitätswettbewerb notwendige Verfügbarkeit ausreichender, verständlicher und unabhängiger Informationen für alle Teilnehmer, insbesondere aber für Patienten, wurde lange Zeit vernachlässigt. Die Basis für die Bereitstellung unabhängiger Informationen ist eine unabhängige Berichterstattung und freie Zugänglichkeit sowie die Aufbereitung der Daten in einer für Patienten verständlichen Form. Diese Anforderungen wurden erst mit der Stärkung der Patientenrechte sowie der Pflicht zur Veröffentlichung von Qualitätsdaten von Krankenhäusern im Internet durch das Gesundheitsmodernisierungsgesetz auf den Weg gebracht.

Zudem wurde es den Akteuren, die sich am aktiv am Wettbewerb beteiligen sollten, lange Zeit selbst überlassen, die Qualitätssicherung adäquat auszugestalten. Erst durch das Gesundheitsreformgesetz 2000 und das Gesundheitsmodernisierungsgesetz 2004 wurde die Nichteinhaltung von Qualitätssicherungsmaßnahmen im stationären bzw. ambulanten Sektor mit Sanktionen belegt.

Prinzipien einer solidarischen Gesundheitspolitik

Solidarität erhalten

Die Elemente der Solidarität haben sich im deutschen Gesundheitssystem im Prinzip bewährt. Dazu gehören die paritätische Finanzierung ebenso wie die Bemessung des Beitrags zur Gesetzlichen Krankenversicherung an der finanziellen Leistungsfähigkeit des Einzelnen. Ein grundlegender Systemwechsel in Richtung einer Privatisierung des Gesundheitsrisikos ist keine notwendige Voraussetzung für eine erfolgreiche Bewältigung der anstehenden Herausforderungen. Vielmehr ist ausgehend von internationalen Erfahrungen von einem marktwirtschaftlich ausgerichteten System nicht zu erwarten, dass es effizienter ist oder eine qualitativ hochwertigere Gesundheitsversorgung bereit stellt als ein solidarisch ausgerichtetes System. Eine zukünftige solidarische Gesundheitspolitik sollte Familien und sozial Schwache entlasten sowie den freien Zugang zu medizinisch notwendigen Leistungen unabhängig von Alter, Geschlecht oder Gesundheitsrisiko für alle sichern. Voraussetzung dafür ist die Sicherstellung einer nachhaltigen und solidarischen Finanzierung der Gesetzlichen Krankenversicherung.

Fortschritt fördern

Die Einführung von Innovationen in die Gesundheitsversorgung ist notwendig, um die medizinische Versorgung kontinuierlich auf einem qualitativ hohen Niveau zu halten. Allgemein gilt, dass medizinisches Wissen bereits nach ca. 5 Jahren veraltet ist. Wissenschaftlich gesichertes Wissen braucht aber im Schnitt zwischen 5 bis 7 Jahre um flächendeckend in die Praxis implementiert zu sein. Um echten Forschritt schneller flächendeckend in die Regelversorgung zu integrieren, sollten wissenschaftlich gesicherte, nationale Behandlungsleitlinien für jeden Arzt zugänglich bereit gestellt und kontinuierlich adaptiert werden. Die Basis für die Aufnahme von Innovationen in solche Leitlinien ist der wissenschaftlich nachgewiesene therapeutische Nutzen einer Intervention. Dazu wurde mit dem GMG eine unabhängige Institution, das Institut für Qualität und Wirtschaftlichkeit in der Medizin, geschaffen. Es soll Innovationen nach den Kriterien der evidenzbasierten Medizin bewerten, um Sprung-Innovationen von Schritt-Innovationen zu unterscheiden und echten Fortschritt zu fördern. Eine zusätzliche Bewertung der Kosten einer Innovation ist zur Zeit noch nicht vorgesehen. Zukünftig ist die Bewertung von Innovationen unter den Aspekten von therapeutischem Zusatznutzen und zu erwartenden zusätzlichen Kosten jedoch zu empfehlen.

Prävention stärken

Gezielte Prävention kann Gesundheitsrisiken beeinflussen und die Morbiditätslast chronischer Erkrankungen in der Bevölkerung verringern. Ein nationales Präventionsprogramme in Finnland, beispielsweise, konnten innerhalb eines Zeitraums von 20 Jahren die Anzahl neu eingetretener Herzinfarkte um 50% senken. Eine Gesundheitspolitik die den durchschnittlichen Gesundheitszustand der Bevölkerung verbessern möchte, muss daher auf eine gezielte und effektive Prävention setzen. Mit gezielten Maßnahmen gegen nur vier Risikofaktoren (Rauchen, Übergewicht, Bewegungsmangel und Bluthochdruck) können fast alle wichtigen Volkskrankheiten in ihrer Auftretenswahrscheinlichkeit und in ihrem Verlauf beeinflusst werden. Für eine Verbesserung des durchschnittlichen Gesundheitszustands der Bevölkerung ist die nationale Ausgestaltung der Programme und das Mitwirken öffentlicher Institutionen auf Bundes-, Länder und Gemeindeebene entscheidend. Weitere wichtige Maßnahmen für den Erfolg eines solchen Programms sind eine übergreifende Qualitätssicherung und Evaluation der Programme, die in regelmäßigen Abständen veröffentlicht werden. Die Qualitätssicherung sollte die Effektivität an Hand nationaler Präventionsziele überprüfen und die Kosten-Nutzen-Relation der durchgeführten Maßnahmen bewerten. Die Ergebnisse sollten in einen kontinuierlichen Prozess der Steuerung und Anpassung der nationalen Programme einfließen.

Transparenz verbessern

Eine wichtige Voraussetzung für fairen Wettbewerb im Gesundheitswesen ist ein informierter Patient, der an Hand von objektiven Informationen in der Lage ist, sein Wahlrecht auszuüben. Bereits mit der Gesundheitsreform 2000 wurde diesem Anspruch Rechnung getragen und die Informationsmöglichkeiten und das Mitspracherecht des Patienten verbessert. Um eine unabhängige und nichtinteressensgeleitete Information des Patienten sicher zu stellen, muss eine unabhängige Berichterstattung aufgebaut und eine unabhängige Bewertung medizinischer Technologien bereitgestellt werden. Dies kann dazu beitragen, dass auch in der medizinischen Versorgung die Wünsche des Patienten bei Therapieentscheidungen berücksichtigt werden können, da der informierte Patient Partner des Arztes sein kann. Die Bereitstellung objektiver Informationen und von patientenverständlichen Behandlungsleitlinien stärkt auch die Eigenverantwortung chronisch Kranker Patienten und ermöglicht es ihnen, aktiv am Management ihrer Erkrankung mitzuwirken. Das aktive Selbstmanagement des Patienten ist eine wichtige Voraussetzung für den Therapieerfolg bei allen chronischen Erkrankungen.

Effizienz und Qualität

Effizienz und Qualität im Gesundheitswesen können sich nur dann verbessern, wenn sie nicht als Gegensätze sondern als zwei Seiten einer Medaille begriffen werden. Die Bereitstellung qualitativ hochwertiger Versorgungsangebote wird nur gelingen, wenn im Wettbewerb vorgegebene Qualitätsstandards beachtet werden müssen und ein adäquater Ausgleich unterschiedlicher Morbiditätsrisiken gewährleistet ist. Hohe Qualitätsstandards sollten von unabhängigen Institutionen, wie z.B. dem Institut für Qualität und Wirtschaftlichkeit in der Medizin bereit gestellt werden. Ebenso wichtig ist die Prüfung der Einhaltung der Qualitätsstandards. Sie darf nicht der Selbstverwaltung übertragen werden, sondern sollte durch eine unabhängige Institution durchgeführt und patientenverständlich öffentlich zur Verfügung gestellt werden. Eine stetige Verbesserung der Effizienz bzw. die ständige Suche nach Potenzialen die Effizienz zu verbessern ist eine Grundforderung eines solidarischen Gesundheitswesens. Es beinhaltet die Bewertung der in einem solidarisch finanzierten Leistungskatalog enthaltenen Leistungen auf ihren therapeutischen Nutzen, die Festlegung von Qualitätsstandards, die Überprüfung der Einhaltung der Standards sowie die notwendige Transparenz in allen Bereichen.

Bildungspolitik einbinden

Gesundheitspolitik und Bildungspolitik sind enger miteinander verflochten als es im ersten Moment den Eindruck erweckt. Eine solidarische Gesundheitspolitik, die sich an Chancengleichheit und der Teilhabe aller orientiert, muss auf Prävention und den Abbau schichtspezifischer Morbiditätsunterschiede zielen. Armut und Arbeitslosigkeit sind nach wie vor die wichtigsten sozialen Risikofaktoren für Krankheit und schichtspezifische Morbiditätsunterschiede. Kinder, die in Armut aufwachsen, leben überdurchschnittlich häufig in Familien mit alleinerziehenden Müttern oder niedrig qualifizierten Eltern. Diese Familien vererben häufig die wirtschaftliche Perspektivlosigkeit an die Kinder weiter. Entscheidend in diesem Zusammenhang ist, dass auch die Risikofaktoren für chronische Erkrankungen nicht nur genetisch sondern auch sozial vererbt werden. Einstellungen zu Gesundheitsverhalten und zum eigenen Körper werden schichtspezifisch bereits in frühen Lebensjahren geprägt. Gesundheitliches Risikoverhalten wie Rauchen oder Fehlernährung korrelieren mit Armut und Arbeitslosigkeit in Familien. Die Kinder von Eltern, die gesundheitsschädigende Verhaltensmuster aufweisen, werden mit viel höherer Wahrscheinlichkeit später das gleiche Risikoverhalten entwickeln als Kinder aus Familien mit gesundheitsbewussten Verhaltensweisen. Für eine effektive Prävention chronischer Erkrankungen ist daher die Beeinflussung von Risikoverhalten in Setting-Ansätzen, z.B. in Schulen und Kindergärten unter Einbeziehung der Eltern von großer Bedeutung. Die vier wichtigsten Risikofaktoren sind auch in diesem Zusammenhang Rauchen, Fehlernährung, Übergewicht und Bewegungsmangel. Sie sind die Ursache für die wichtigsten chronischen Erkrankungen wie die Zuckerkrankheit, Herzinfarkt und Koronare Herzkrankheit, Bluthochdruck, Schlaganfälle und das chronische Nierenversagen mit nachfolgender Dialysepflicht. Diese Erkrankungen verursachen nicht nur ca. 50% aller Kosten im Gesundheitssystem, sondern sie treten auch in immer früheren Lebensjahren auf. Kinder, die in sozial schwachen Familien leben, sind zudem häufiger durch das Risikoverhalten ihrer Eltern, wie z.B. Rauchen gesundheitlich geschädigt und können aus diesem Zyklus aufgrund der vererbten gesundheitlichen Einstellungen nicht ausbrechen. Sie sind in ihren Gesundheitsmöglichkeiten doppelt benachteiligt. Insgesamt ist zu befürchten, dass die heute heranwachsende Generation von Kindern zum ersten Mal durchschnittlich kränker sein und früher an chronischen Erkrankungen leiden wird als die Generation ihrer Eltern.

Auf dem Weg zu einer solidarischen Wettbewerbsordnung

Auf dem Weg zu einer solidarischen Wettbewerbsordnung wurden mit der Gesundheitsreform 2000, dem RSA-Reformgesetz 2002 sowie dem GMG 2004 wichtige Meilensteine gelegt. Insbesondere das GMG legte die Basis für wichtige strukturelle Veränderungen für den Aufbau einer solidarischen Wettbewerbsordnung.

Strukturelle Auswirkungen des GMG

Von vielen als reines Kostendämpfungsgesetz bezeichnet, zeichnen sich bereits nach einem Jahr weitreichende Effekte in der Veränderung von Versorgungsstrukturen ab. Wichtige Effekte auf die Veränderung der Versorgungsstrukturen sind durch die Neufassung des § 140, in dem die integrierte Versorgung geregelt ist, zu erwarten. Die Integrierte Versorgung soll die sektoral getrennte und unkoordinierte Versorgung durch einen interdisziplinären, sektorenübergreifenden und kontinuierlichen Behandlungsverlauf ersetzen. Obwohl bereits 2000 mit dem Gesundheitsreformgesetz eingeführt, hat die Integrierte Versorgung erst durch die mit dem GMG eingeführten Veränderungen den Durchbruch erzielt. Allein bis zum 01. 01. 2005 sind fast 400 Verträge unterzeichnet worden. Damit ist die Intention des Gesetzgebers, neben der Regelversorgung eine eigenständige Versorgungsform einzuführen, die die Kooperation, Patientenorientierung, Qualität und Effizienz der Versorgung verbessern soll, in ersten Ansätzen gelungen. Zwar beschränken sich fast alle Verträge auf ausgewählte (chirurgische) Indikationen, jedoch kann die vertraglich geforderte Versorgungsqualität als erfreulich hoch eingestuft werden, obwohl der Gesetzgeber keine Qualitätsanforderungen ins Gesetz geschrieben hat. Der weitreichende Gestaltungsspielraum, den der Gesetzgeber gewährt hat, lässt den von Ökonomen geforderten Prozess des Suchens und Entdeckens neuer effizienter Versorgungsformen in breitem Umfang zu. In dem dadurch ausgelösten Wettbewerb wird ein immer neuer Anpassungsprozess dazu führen, dass die Träger von Integrationsangeboten ihre Angebotspalette sowie die Güte der Angebote auf Dauer so ausgestalten, dass sie überlebensfähig und für die Krankenkassen langfristig interessant sind. Um neben dem Kollektivvertragssystem ein Einzelvertragssystem erfolgreich zu etablieren, wird allerdings eine klarere Priorisierung von Einzelverträgen gegenüber Kollektivverträgen erfolgen müssen.

Weitere Anstöße zur Integration der Versorgung und der Verbesserung der Kontinuität und Effizienz der Versorgung sind von den Hausarztmodellen zu erwarten. Alle gesetzlichen Krankenkassen sind verpflichtet diese anzubieten. Insbesondere Doppel- und Paralleluntersuchungen und die unangemessene Inanspruchnahme von Fachärzten soll dadurch verringert werden. Durch die vorgesehenen hohen Qualitätsstandards, die Verbesserung der Dokumentation sowie die Stärkung der Prävention in den Modellen soll ein effizienter und solidarischer Mitteleinsatz, Transparenz und eine hohe Behandlungsqualität gesichert werden.

Eine Stärkung der Patientensouveränität im Behandlungsprozess ist durch die Stärkung der Patientenrechte, die Veröffentlichung von Qualitätsberichten der Krankenhäuser im Internet sowie durch das Institut für Qualität in der Medizin zu erwarten. Dieses Institut, das Technologien an Hand wissenschaftlicher Kriterien bewertet, unabhängige Informationen und wissenschaftlich gesicherte Behandlungsleitlinien bereitstellen soll, ist ein wichtiger Schritt zur Stärkung des Qualitätswettbewerbs. Durch die Bereitstellung unabhängiger und wissenschaftlich gesicherter Informationen fördert es die Transparenz als Voraussetzung für Patienteninformationen. Durch die Bewertung des Nutzens therapeutischer Maßnahmen unterstützt es die Entscheidungsfindung, welche Leistungen in einen solidarisch finanzierten Leistungskatalog aufgenommen werden sollen. Durch die Bereitstellung nationaler evidenzbasierter Versorgungsleitlinien leistet es einen wichtigen Beitrag zur Sicherung der Versorgungsqualität.

Eine gleichzeitige Stärkung von Prävention, Wettbewerb und Solidarität wird durch die Bonusprogramme nach § 65a SGB V erreicht. Sie erlauben es allen gesetzlichen Krankenkassen für gesundheitsbewusstes Verhalten Boni auszuschütten. Dadurch wird der Wettbewerb zwischen den Kassen gefördert und die Primärprävention in wichtigen Bereichen wie z.B. Bewegungsmangel und Raucherprävention gefördert. Gleichzeitig wird durch die Forderung, dass die Programme keine Beitragssatzerhöhungen auslösen dürfen und Kosten und Boni durch Einsparungen der Programme selbst finanziert werden müssen, eine solidarische Verwendung der eingesetzten Mittel gesichert.

Strukturelle Auswirkungen weiterer Gesetzesinitiativen

Neben dem GMG sind von drei weiteren Gesetzesinitiativen wichtige strukturelle Auswirkungen auf dem Weg zu einer solidarischen Wettbewerbsordnung zu erwarten:

- Die Einführung von Disease Management mit dem Gesetz zur Reform des Risikostrukturausgleichs (RSA)
- das geplante Präventionsgesetz sowie
- die geplante Überführung des RSA in einen vollständig morbiditätsorientierten Risikostrukturausgleich.

Mit der Einführung von Disease Management Programmen und deren Koppelung an den RSA durch das Gesetz zur Änderung des Risikostrukturausgleichs sind mehrere wichtige Anreize für einem Qualitätswettbewerb gesetzt worden. Die Koppelung an den RSA bewirkt, dass die durchschnittliche höhere Morbidität der in Disease Management Programme eingeschriebenen Versicherten, im RSA Ausgleich berücksichtigt werden kann. Für die anbietenden Krankenkassen wurde eine Basis für einen Qualitätswettbewerb geschaffen, in dem die Qualität der Versorgungsangebote und nicht die Morbidität der Versicherten der entscheidende Wettbewerbsparameter ist. Durch die hohen gesetzlich festgeschriebenen Anforderungen an die Versorgungsqualität in den Programmen sowie die gesetzlich geregelten Einschreibekriterien wird für alle Versicherten der freie Zugang zu qualitativ hochwertiger Versorgung gesichert. Die Transparenz und Patienteninformation der Programme ist eine wichtige Basis für die eingeschriebenen Versicherten ihr Wahlrecht auszuüben und den Wettbewerb zwischen den Kassen zu stärken.

Das geplante Präventionsgesetz hat zum Ziel, Prävention als gleichberechtigte Säule neben der Kuration und Rehabilitation zu etablieren. Gleichzeitig sollen in die Durchführung von Präventionsvorhaben weitere Akteure eingebunden und die Finanzierung der Projekte auf mehrere Schultern verteilt werden. Ein Schwerpunkt soll auf übergreifenden Präventionsprojekten in Setting-Ansätzen liegen, die dazu geeignet sind, schichtspezifisches Risikoverhalten zu thematisieren. Die Fokussierung auf sozial schwache Schichten mit besonderen Gesundheitsrisiken, die dadurch möglich wird, ist eine wichtige Basis für Chancengleichheit und Teilhabe an der Gesellschaft für diese Schichten.

Die geplante Einführung eines vollständig morbiditätsorientierten RSA (M-RSA) wird die Basis für den Kassenwettbewerb stärken. Da die Krankenkassen durch den M-RSA einen adäquaten Ausgleich der Morbidität erhalten, müssen sie nicht mehr fürchten, durch das Angebot sinnvoller Versorgungsmodelle einen übermäßigen Zulauf chronisch Kranker zu erreichen. Damit schafft der morbiditätsorientierte Risikostrukturausgleich die entscheidende Voraussetzung für einen Wettbewerb um gute Versorgungsqualität.

Der Ansatz des morbiditätsorientierten Risikostrukturausgleichs ist sehr breit. Sinnvollerweise sollten Diagnosen aus dem stationären Bereich sowie Arzneimittelverschreibungen aus dem ambulanten Bereich zur Morbiditätsklassifizierung berücksichtigt werden. Diese Kombination deckt die weitaus meisten Daten zur Leistungsinanspruchnahme ab. Die Daten sind von überdurchschnittlicher Qualität, da im Krankenhaus von einer vollständigen Qualität die Höhe der Vergütung abhängt und im Arzneimittelbereich eine Verschreibung immer auch eine konkrete Medikation nach sich zieht. Zudem sind die Daten bereits bei den Krankenkassen vorhanden. Der Vorteil eines vollständig morbiditätsorientierten RSA ist, dass chronische Erkrankung und kostenträchtige andere Erkrankungen gut abgeschätzt werden. Daraus resultiert für die einzelne Kasse eine Gutschrift im RSA, die den Versorgungsbedarf chronisch Kranker nicht mehr systematisch unterschätzt. Ein solcher adäquater Ausgleich der Morbidität ist die Basis für weitere Schritte im Kassenwettbewerb.

4. Gesundheit für alle – Vision oder tragfähiges Konzept?

Die Gesundheitspolitik wird in den nächsten Jahren über die zukünftigen Strukturen des deutschen Gesundheitssystems entscheiden müssen. Mit dem Gesundheitsstrukturgesetz wurde die Neuausrichtung des Systems an den Kriterien Wettbewerb und Qualität angestoßen. Seither wurden wichtige weitere Meilensteine auf dem Weg zu einer solidarischen Wettbewerbsordnung gelegt. Allerdings sind weitere Reformen sowie ein Umbau zu integrierten Versorgungsstrukturen notwendig. Insbesondere die Basis für einen Qualitätswettbewerb – Möglichkeiten für die Kassen zum selektiven Kontrahieren, Weiterentwicklung des Vergütungssystems zu einer ergebnisorientierten Vergütung, ein vollständig morbiditätsorientierter Risikostrukturausgleich, unabhängige Patienteninformation und wissenschaftlich gesicherte, nationale Qualitätsstandards – sollte weiter ausgebaut werden. Sonst ist zu erwarten, dass jeder weitere Schritt zur Stärkung des Wettbewerbs zu Kostendämpfung auf dem Boden einer verschlechterten Versorgungsqualität führt. Ein solcher Wettbewerb kann nicht mehr als solidarisch bezeichnet werden, da Solidarität den freien Zugang zu einer qualitativ hochwertigen Versorgung für alle impliziert. Der Zugang sowie die Sicherstellung einer nachhaltigen Finanzierung einer qualitativ hochwertigen und medizinisch ausreichenden Versorgung ist die Basis für Gesundheit und damit letztlich für Chancengleichheit und Teilhabe aller Schichten.

10. Glücklich schrumpfen? Warum gerade die schrumpfende Gesellschaft eine erneuerte Gerechtigkeitspolitik braucht

Matthias Platzeck

„Geld allein macht nicht glücklich" – was der Volksmund seit Jahrhunderten weiß, hat neuerdings auch die moderne wissenschaftliche „Glücksforschung" entdeckt und auf überzeugende Weise nachgewiesen. Vergleichende empirische Untersuchungen belegen, dass die Menschen in den westlichen Gesellschaften heute tatsächlich nicht glücklicher oder zufriedener sind als vor 50 Jahren – dabei haben sich im selben Zeitraum das Realeinkommen und der Lebensstandard verdoppelt. „Wir haben heute mehr zu essen, mehr Kleider im Schrank, fahren mehr Autos, leben in komfortableren Wohnungen, unternehmen häufiger und längere Urlaubsreisen ins Ausland, arbeiten weniger und unter weitaus besseren Bedingungen. Vor allem genießen wir eine bessere Gesundheit und haben eine höhere Lebenserwartung. Dennoch sind wir nicht glücklicher! Trotz aller Fortschritte und trotz aller Anstrengungen von Regierungen, Lehrern, Ärzten und Unternehmern: Das Glück hat sich nicht vermehrt." Das schreibt der britische Wirtschaftswissenschaftler Richard Layard, der auch als Berater der Labour Party gearbeitet hat, in seinem höchst anregenden neuen Buch *Die glückliche Gesellschaft: Kurswechsel für Politik und Wirtschaft*.

Die Erkenntnis des Volksmundes lässt sich heute mit harten Daten belegen und nachweisen, denn Glück ist tatsächlich messbar geworden. Richard Layard erklärt es in einfachen Worten so: „Glück ist, wenn wir uns gut fühlen, und Elend bedeutet, dass wir uns schlecht fühlen. In jedem Moment unseres Lebens fühlen wir uns himmlisch, halbtot oder irgendwo dazwischen. Diese Zustände kann man heute definieren, sei es durch Befragungen oder durch die Messung von Hirnströmungen." Mithilfe dieser Ergebnisse kann die Glücksforschung feststellen, welche Menschen glücklich sind und welche nicht. Sie kann auch feststellen, wie sich einzelne Länder im Hinblick auf die Zufriedenheit ihrer Bewohner unterscheiden: Es gibt Gesellschaften, in denen die Menschen deutlich glücklicher sind als in anderen. Und die Glücksforschung kann sogar erklären, warum sich Menschen glücklich oder unglücklich fühlen, warum sie ihr Leben so empfinden, wie sie es empfinden. Auf der Grundlage dieser Ergebnisse formuliert Richard Layard seine zentrale These: „Der Individualismus hat den

Menschen bestenfalls das Ideal der Selbstverwirklichung zu bieten. Doch diese neue Religion hat versagt. Sie hat die Menschen nicht glücklicher gemacht, im Gegenteil, sie setzt jeden unter Druck, möglichst viel und möglichst nur das Beste für sich selbst zu ergattern. Wenn wir aber wirklich glücklich leben wollen, dann brauchen wir ein gemeinsames Ziel, ein gemeinsames Gut oder Gemeinwohl, zu dem wir alle unseren Beitrag leisten können."

Hat Richard Layard nicht im Grundsatz völlig Recht? Und wenn er Recht hätte, was würde dann aus seinen Überlegungen folgen? Was würde aus ihnen folgen zum einen für unsere Vorstellungen von sozialer Gerechtigkeit und die Frage, wie wir diesem Leitbild politisch näher kommen? Und zum anderen: Welche Konsequenzen hätte Layards These besonders im Hinblick auf die Art und Weise, wie wir in Deutschland das Ziel der „inneren Einheit" unseres Landes doch noch verwirklichen können, das zwar seit 1990 wieder *vereinigt*, aber ökonomisch, sozial und emotional und in mancher Hinsicht bis heute nicht wirklich *vereint* ist? Schließlich wissen wir bereits heute, dass die wirtschaftlichen und gesellschaftlichen Herausforderungen, die der Osten *und* der Westen unseres Landes in den kommenden Jahrzehnten gemeinsam bewältigen müssen, in ihren Dimensionen noch bei Weitem über das hinausgehen werden, was wir in den vergangenen anderthalb Jahrzehnten erlebt haben.

Warum wird es noch schwieriger? Es ist vor allem das besonders komplizierte Mischungsverhältnis von demografischer Krise einerseits sowie Globalisierung und zunehmend wissensintensiver Wirtschaft andererseits, aus dem sich die problematische Grundkonstellation der Zukunft ergibt. Wir müssen uns klar machen: Die bereits heute schwerwiegenden Finanzierungsprobleme unserer sozialen Sicherungssysteme haben gegenwärtig noch begrenzt demografische Ursachen – sie werden allerdings in dem Maße immer schwieriger in den Griff zu bekommen sein, wie sich in den kommenden Jahren das Zahlenverhältnis von erwerbstätiger und nichterwerbstätiger Bevölkerung zugunsten der Nichterwerbstätigen verschiebt. Hinzu kommt, dass die unweigerlich bevorstehende demografische Herausforderung die deutsche Gesellschaft ausgerechnet in einer Situation trifft, in der sie sich ohnehin bereits schwer tut, mit den veränderten Bedingungen von Globalisierung und Wissensgesellschaft zurechtzukommen.

Grundsätzlich ist unsere Gesellschaft zu hohen Erneuerungsleistungen im Stande. Das haben wir in Deutschland in den vergangenen 15 Jahren im Prozess der Vereinigung von Ost und West eindrucksvoll bewiesen – vor allem, aber durchaus nicht nur die Menschen in den neuen Bundesländern. Unser Land ist buchstäblich das einzige auf der Welt, das in der jüngeren Vergangenheit das Zusammenwachsen zweier so völlig unterschiedlicher Wirtschafts- und Gesellschaftsordnungen zu bewältigen hatte. Auf den Erfahrungen dieser Zeit im Umgang mit Prozessen des Umbruchs, des Wandels und der Erneuerung können wir selbstbewusst aufbauen. Zugleich aber wissen wir, dass in Zukunft umfangreiche zusätzliche Veränderungen auf uns zukommen: Der Anpassungsdruck durch Globalisierung, Demografie und wissensintensives Wirtschaften erhöht sich weiter, nur als erneuerungsfreudige Gesellschaft wird Deutschland im internationalen Wettbewerb mithalten können. Zugleich aber verringern sich – und zwar gerade auch *aufgrund* des demografischen Wandels – die Anpassungspotentiale unserer Gesellschaft, sofern wir nicht energisch gegensteuern. Unser Land wird Schrumpfungsprozesse im Inneren und die dauernde Anpassung an die sich weiter rasch verändernde äußere Rahmenbedingungen zugleich bewältigen müssen. Das hat es in dieser Kombination in den vergangenen, durch die Prozesse des Wachstums von Bevölkerung und Wirtschaft gekennzeichneten Jahrzehnten noch niemals gegeben.

Unter den Gesichtspunkten der Gerechtigkeitspolitik und der sozialen Einheit Deutschlands liegt genau hier die zentrale Schwierigkeit – vielleicht ist sie aus ostdeutscher Perspektive nur besonders deutlich wahrnehmbar. In den vergangenen Jahrzehnten sind Sozialstaat und soziale Gerechtigkeit in Deutschland üblicherweise vor allem materiell begründet und gewährleistet worden. Durchaus zu Recht, denn ohne finanzielle Absicherung gegen die Wechselfälle des Lebens sind individuelle Freiheit, staatsbürgerliche Gleichheit und soziale Gerechtigkeit tatsächlich nicht vorstellbar. Die Ideen des Sozialstaates und der sozialen Marktwirtschaft haben in genau diesen Prinzipien ihre Wurzeln. Denn das Leitbild des Sozialstaates beschreibt ein Gemeinwesen, das auf Freiheit, auf rechtlicher Gleichheit, auf Marktwirtschaft sowie auf der demokratischen und sozialstaatlichen Solidarität seiner Bürger beruht. Und politisch verwirklicht wird dieses Leitbild in dem Maße, wie es einem Staat gelingt, Freiheit, Mitbestimmung und die Beteiligung aller an den gemeinsamen Angelegenheiten des Gemeinwesens zu ermöglichen.

Wir erleben aber heute, dass dieses Modell beträchtlichen neuen Herausforderungen ausgesetzt ist. Eine dieser Herausforderungen stellen zweifellos die harten ideologischen Gegner des Sozialstaates dar, die dessen Grundidee aus prinzipiellen Gründen ablehnen. Aber das ist nicht das Hauptproblem, denn von einem „neoliberalen Mainstream" in der deutschen Gesellschaft kann in Deutschland heute – anders als oftmals unterstellt – bei Licht betrachtet überhaupt nicht die Rede sein. Grundsätzliche Sozialstaatsfeindschaft war und ist hierzulande weder im Osten noch im Westen mehrheitsfähig. Im Gegenteil erfreuen sich, wie Untersuchungen, Umfragen und Alltagserfahrung immer wieder zeigen, die Grundidee und die Prinzipien des Sozialstaates ungebrochener Beliebtheit und Zustimmung.

Was den Sozialstaat heute tatsächlich in Schwierigkeiten bringt, sind daher in Wirklichkeit weniger seine erklärten ideologischen Feinde als die zunehmende

Erosion seiner Voraussetzungen: die Tatsache nämlich, dass er – jedenfalls in seiner hergebrachten Form – zunehmend an objektive finanzielle und demografische Grenzen stößt. „Die zentrale Herausforderung moderner Gesellschaften durch die Bevölkerungsschrumpfung besteht darin, dass Schrumpfungsprozesse in ihnen sozusagen strukturell nicht vorgesehen sind, sondern dass bisher alle Probleme durch Wachstum gelöst wurden", schreibt der renommierte Bielefelder Sozialstaatsexperte Franz-Xaver Kaufmann in seinem Buch *Schrumpfende Gesellschaft: Vom Bevölkerungsrückgang und seinen Folgen*. Dieser Weg der expansiven Problemlösung durch kontinuierliches Wachstum der Wirtschaft, der Bevölkerung, der staatlichen Haushalte und der Sozialbudgets ist uns nun offenbar auf Dauer verbaut. Wir müssen tatsächlich auf vielen Gebieten lernen, aus weniger mehr zu machen.

Um die Dimension der Herausforderung einmal am Beispiel des Landeshaushalts von Brandenburg zu veranschaulichen: In meinem Bundesland werden das kontinuierliche Abschmelzen des Solidarpakts II zur Förderung des Aufbau Ost sowie weitere (auch demografische) Faktoren dazu führen, dass sich das Haushaltsvolumen des Landes von heute 10 Milliarden Euro bis auf etwa 7,5 Milliarden Euro im Jahr 2020 reduziert – ein Rückgang der verfügbaren Mittel um ein Viertel innerhalb von 15 Jahren. Nicht anders sieht es in den anderen ostdeutschen Bundesländern aus. Klar ist bereits heute, dass es einen Solidarpakt III für Ostdeutschland nicht geben wird. Deshalb werden wir dieses drastische „Haushaltsschrumpfen" politisch zu organisieren und aktiv zu gestalten haben. Gelingt uns dies nicht, wird in Brandenburg schon in naher Zukunft buchstäblich keine Politik mehr stattfinden. Dies umreißt, knapp skizziert, die haushaltspolitische Aufgabe, vor der Brandenburg und die anderen ostdeutschen Bundesländer stehen.

Zugleich werden sich in den kommenden Jahren und Jahrzehnten gerade vor Ostdeutschland – aber eben keineswegs nur vor Ostdeutschland – demografische Herausforderungen auftürmen, für die sich in der Vergangenheit keine Beispiele finden. Bereits heute leben die Menschen inmitten des dramatischen Wandels. Abwanderung und zunehmender Wohnungsleerstand, die Schließung von Schulen, Bibliotheken und Schwimmbädern, ländliche Regionen mit immer weniger jungen Menschen und Dörfer ohne Kinder – das alles ist in vielen Regionen Ostdeutschlands bereits heute Wirklichkeit. Aber um ein bloß ostdeutsches Problem handelt es sich hierbei nicht: „Die Mitte Deutschlands entleert sich", heißt es in der aktuellen Studie *Deutschland 2020* des Berlin-Instituts für Weltbevölkerung und globale Entwicklung. „Von Sachsen über Thüringen bis ins Ruhrgebiet zieht sich eine regelrechte Schneise der Entvölkerung quer durch die Republik." Mit anderen Worten: Was heute schon im Osten geschieht, steht auch im Westen mit voller Wucht bevor.

Jedoch verläuft die demografische Entwicklung nicht linear und ausschließlich abschüssig, sondern differenziert und widersprüchlich. Auch das lässt sich am Beispiel des Landes Brandenburg demonstrieren. Während sich ländliche Räume entleeren, entstehen in Deutschland und Europa zugleich moderne neue Ballungsräume: verdichtete Boomregionen mit hoher internationaler Vernetzung. Sie werden in den kommenden Jahren immer heftiger um die rapide zurückgehende Zahl qualifizierter inländischer Arbeitskräfte konkurrieren. Vor allem Baden-Württemberg und Bayern sind in Deutschland heute die Gewinner der enormen innerdeutschen Wanderung. Aber auch das brandenburgische Umland von Berlin gilt einschlägigen Untersuchungen zufolge als eine der zukunftsträchtigsten Regionen Deutschlands. Für die kommenden Jahrzehnte werden dieser Metropolregion beträchtliche weitere Bevölkerungszuwächse vorausgesagt. So intensiv wie kein zweites Bundesland erlebt Brandenburg daher die gegenläufigen Prozesse von Bevölkerungsschrumpfung und Bevölkerungswachstum zugleich. Dass diese Entwicklungen in den einzelnen Regionen des Landes Hoffnungen und Ängste in höchst unterschiedlichen Mischungsverhältnissen auslösen, ist nur zu begreiflich. Während die einen zu Recht neue Chancen erkennen und ergreifen, fürchten sich andere nicht ohne Grund davor, in ländlichen Gegenden dauerhaft „abgehängt" zu werden.

Gerade langfristige demografische Prozesse lassen sich per Definition nicht kurzerhand „umdrehen". Aber muss das Schrumpfen immer im Scheitern münden? Meine Antwort lautet: Nicht unbedingt! Auf uns selbst kommt es an. Sehr viel, womöglich alles wird davon abhängen, welche Schlüsse wir aus den beschriebenen Entwicklungen ziehen, für welche Haltung und welches Handeln wir uns den neuartigen Herausforderungen gegenüber entscheiden. Welche Ziele wollen wir eigentlich verfolgen? Und wie?

Unschwer voraussagen lässt sich zunächst, dass es uns ganz sicher nicht leicht fallen wird, die Schrumpfungsprozesse der kommenden Jahrzehnte zu organisieren und menschengerecht zu gestalten: Die Bevölkerungsentwicklung der Vergangenheit verlief nun einmal anders, und so fehlt es uns ganz einfach an Erfahrungen. Franz-Xaver Kaufmann entwirft vor diesem Hintergrund ein düsteres Szenario – besonders auch im Hinblick auf das Ost-West-Verhältnis innerhalb der deutschen Gesellschaft: „Während das Bevölkerungswachstum zu stimulierenden Ungleichheiten führt, scheint ein Bevölkerungsrückgang in Verbindung mit der Verschärfung sozialstaatlicher Verteilungskonflikte der Verschärfung sozialer Ungleichheit und der Verfestigung sozialer Gegensätze Vorschub zu leisten. Dabei ist weniger an unmittelbare Generationenkonflikte denn an regionale und soziale Ungleichheiten und Konflikte zu denken. Was sich heute erst ansatzweise im Verhältnis von Ost- und Westdeutschland zeigt, kann im

Fortgang der demografischen Ausdünnung des Ostens dramatische Formen annehmen."

Niemand kann heute mit Sicherheit sagen, dass es zu solch einer Entwicklung in Deutschland nicht kommen *kann*. Was wir wissen, ist dagegen, dass solch eine Entwicklung auf keinen Fall eintreten *darf*. Dafür mit Erfolg alles zu tun – das wäre eine zeitgemäße neue Gerechtigkeitspolitik unter den Bedingungen von Globalisierung und demografischer Schrumpfung unserer Gesellschaft. Umso dringender ist solch eine Politik angesichts der eingangs erwähnten Ergebnisse der neueren Glücksforschung. Diese Ergebnisse sind einerseits ernüchternd, weil sie darauf hindeuten, dass überwiegend auf materiellem Zuwachs basierende und auf weiteren Zuwachs abzielende wirtschafts- und sozialpolitische Strategien gravierende Defizite aufweisen: Alle diese Zuwächse haben die Menschen in der Vergangenheit eben nicht zufriedener gemacht. Andererseits aber geben diese Ergebnisse der Glücksforschung im Umkehrschluss auch Anlass zu Hoffnung: Wenn es so ist, dass Glück und Zufriedenheit der Menschen ohnehin nicht unbedingt von erreichten Besitzständen und materiellen Zuwächsen abhängen, warum sollten sich dann nicht neue Wege beschreiten lassen, um eine lebenswerte, Zufriedenheit und Zusammenhalt ermöglichende Gesellschaft selbst unter Bedingungen des Schrumpfens politisch zu organisieren?

Anschauung bietet nicht zuletzt die bisherige Funktionsweise des Sozialstaats. Zwar ist der traditionelle, überwiegend beitragsfinanzierte deutsche Sozialstaat heute im internationalen Vergleich in finanzieller Hinsicht noch immer außergewöhnlich großzügig – nur wer sich nicht gut in Europa und der Welt auskennt, kann das bestreiten. Dennoch ist festzustellen, dass unser Sozialstaat in seiner bisherigen Form zur Annäherung an das, was Richard Layard „glückliche Gesellschaft" nennt, offenbar nur noch wenig beitragen kann. Materielle Absicherung ist wichtig, aber sie ist eben niemals genug. Wer – beispielsweise – langfristig arbeitslos wird, dem wäre selbst mit einem unbefristeten Arbeitslosengeld in der vollen Höhe seines bisherigen Gehalts auf die Dauer nicht wirklich gedient. Denn Arbeitslosigkeit macht nicht vor allem dadurch unglücklich, dass sie die betroffenen Menschen um ihr früheres Einkommen bringt – das ganz sicher *auch*. Den weitaus größeren Schaden richtet langfristige Arbeitslosigkeit aber dadurch an, dass sie Menschen um ihren Platz in der Gesellschaft bringt; dass sie Freundschaften, Bekanntschaften und das Familienleben der Betroffenen in Mitleidenschaft zieht; dass sie schleichend Qualifikationen der Menschen entwertet und irgendwann auch ihre Initiative erlahmen lässt; dass sie Selbstbewusstsein, Lebenssinn und Zukunftsoptimismus zersetzt. Geld allein macht nicht glücklich – diese Erkenntnis bleibt richtig. Aber wenn das so ist, dann gilt der Satz erst recht für das Arbeitslosengeld oder für andere finanzielle Lohnersatzleistungen des Sozialstaates: Alle diese Mittel sind richtig und notwendig; sie können den betroffenen Menschen zwar recht und schlecht dabei helfen, finanziell über die Runden zu kommen – doch neue Perspektiven, neue Hoffnung, neuen Lebenssinn und den Weg zurück zu aktiver Beteiligung am Leben der sozialen Gemeinschaft eröffnen sie in viel zu geringem Umfang.

„Die Politik eines Staates sollte danach beurteilt werden, inwieweit sie Glück mehrt und Leid mindert", schreibt Richard Layard. „Auch unser persönliches Verhalten sollte das größtmögliche Glück aller zum Ziel haben." Schon deshalb tun wir gut daran, uns über die Frage der Gerechtigkeit und ihre Bedingungen neue Gedanken zu machen. Meine nicht zuletzt aus den ostdeutschen Erfahrungen der vergangenen 15 Jahre gewonnene These lautet: Soziale Gerechtigkeit unter den Bedingungen des 21. Jahrhunderts ist vor allem eine Frage der Zugehörigkeit, des Mitmachens, der aktiven Beteiligung der Menschen an den Angelegenheiten ihres Gemeinwesens. Klaus von Dohnanyi hat unlängst aus der Perspektive des 1928 geborenen Westdeutschen noch einmal auf genau dieses Problem hingewiesen: „Man muss sich die Lage in Ostdeutschland vor Augen führen. Für uns konnte es damals in der Nachkriegszeit nur besser werden. Für viele in der ehemaligen DDR ist es schwieriger geworden. Nicht schlechter, denn die Freiheit ist gewonnen, und auch der Lebensstandard ist eigentlich besser. Aber das Gefühl, gebraucht zu werden und ein Teil des Ganzen zu sein, haben wir den Menschen in Ostdeutschland nicht geben können."

Gebraucht zu werden – genau das ist das Entscheidende. Denn gebraucht zu werden schafft Lebenssinn, Zufriedenheit, sozialen Zusammenhang und durchaus auch das Empfinden von Glück. Jeder kennt das aus der eigenen Erfahrung: Man packt gerne mit an, man hilft sich gegenseitig, man nimmt sich Zeit füreinander, man tut sich mit anderen für gemeinsame Zwecke zusammen. Und man empfindet Freude dabei, selbst wenn die zu bewältigenden Aufgaben für sich genommen weder angenehm noch gar einträglich sind – ganz einfach weil es schön ist, gebraucht zu werden. Es ist das gemeinschaftliche Zupacken selbst, das uns Befriedigung verschafft. Überhaupt nur in dem Maße, wie sich Menschen als gemeinschaftlich handelnde Akteure wahrnehmen, wird unsere Gesellschaft daher auch die unweigerlich noch bevorstehenden schwierigen Prozesse der Anpassung, des Umbaus und auch des Schrumpfens bewältigen können. Wo Bürgerinnen und Bürger handfest erleben, dass sie selbst es sind, die ihr eigenes Gemeinwesen gestalten, da wenden sie sich auch dann nicht verbittert ab, wenn es schwierig wird. Und schwierig wird es mit Sicherheit. Nur müssen schwierige Zeiten so gesehen eben keineswegs automatisch trostlose, deprimierende und unglückliche Zeiten sein. Sie sind es für diejenigen nicht, die sich entschlossen daran machen, die erkannten Probleme in den Griff zu bekommen. Schon deshalb werden wir daran arbeiten müssen, eine in Deutschland eine neue Grundhaltung des Zupackens zu entwickeln. Zupackende Menschen sind die zufriedeneren, glücklicheren Menschen.

Sozial gerecht ist so gesehen alles, was den Menschen hilft und ermöglicht, in allen denkbaren Dimensionen als vollwertige Bürgerinnen und Bürger aktiv am Leben ihrer Gesellschaft mitzuwirken. Nichts ist dagegen so schädlich und zermürbend für den einzelnen Menschen wie der Ausschluss aus den vielfältigen Beziehungen und Aktivitäten, die das gesellschaftliche Leben ausmachen. Und nichts zehrt auf die Dauer so sehr am inneren Zusammenhalt und zugleich an der Leistungsfähigkeit einer Gesellschaft insgesamt wie das Herausrutschen ganzer Gruppen aus ihren Bezügen. Körperlich dabei zu sein und doch nicht so richtig dazuzugehören – das ist die größte soziale Ungerechtigkeit unserer Zeit.

Bei dem Exklusion genannten Phänomen des Ausschlusses aus den Zusammenhängen der Gesellschaft geht es immer auch um Geld – genauer: um fehlendes Geld. Wem es an materiellen Ressourcen mangelt, der kann sich Zugehörigkeit umso weniger kaufen. Aber Geld ist nicht alles, und auch mit noch so viel Geld würden sich entscheidende Voraussetzungen einer vollwertigen Mitgliedschaft in der Gesellschaft heute weniger denn je erwerben lassen. Nicht so sehr der Versuch, Nachteile durch höhere finanzielle Zuweisungen auszugleichen, verspricht die Lösung für das Problem der Exklusion von Menschen aus der Gesellschaft. Erforderlich ist vielmehr die harte und geduldige Arbeit daran, dass möglichst alle in einem ganz umfassenden Sinne dazugehören können. Das gilt für jeden Menschen individuell, es gilt für Gruppen von Menschen, es gilt für Regionen, und es gilt für ganze Nationen.

Zeitgemäße Sozialpolitik muss, wie Franz-Xaver Kaufmann zu Recht fordert, vor allem eine Politik der systematischen „Nachwuchssicherung" sein. Neben einer Familienpolitik, die gezielt dazu beiträgt, dass in Deutschland wieder deutlich mehr Kinder geboren werden und die vorhandenen Kinderwünsche der Menschen in Erfüllung gehen, ist die nachhaltigste Sozialpolitik heute eine erfolgreiche Bildungspolitik. Ziel dieser Politik muss es sein, eine Perspektive sozialen Aufstiegs und gesellschaftlichen Zusammenhalts zugleich zu ermöglichen. Es muss uns in Deutschland unbedingt von Jahr zu Jahr besser gelingen, alle Kinder und Jugendlichen mit handfesten Lebenschancen auszustatten – Lebenschancen in Form von hervorragender Bildung und Ausbildung. Wir werden deshalb alles in Bewegung setzen müssen, um gute und zeitgemäße Bildung *für alle* zu garantieren – gerade in den zunehmend peripheren Regionen unseres Landes. Kein einziges Kind, kein einziger Jugendlicher darf mehr zurückgelassen werden. Das wird sicherlich nicht heute oder morgen zu erreichen sein. Als Orientierungsmarke zeitgemäßer Gerechtigkeitspolitik ist es aber völlig unabdingbar. Die wirkliche Zukunft unseres Landes entsteht weitaus mehr in den Köpfen unserer Kinder und Enkel als aus Beton und Umgehungsstraßen. Nur so schaffen wir außerdem die Voraussetzungen, dass Deutschland in Zukunft im internationalen Wettbewerb bestehen kann und wir in unserem Land wettbewerbsfähige, zukunftssichere und gut bezahlte Arbeitsplätze haben werden. Denn soviel ist klar: wir brauchen eine immer modernere Wirtschaft, um den Wohlstand in Deutschland zu sichern und damit auch die finanzielle Grundlage für unseren Sozialstaat.

Kann die schrumpfende Gesellschaft eine glückliche Gesellschaft sein? Wie sich Zusammenhalt und gesellschaftliche Integration, Bildung und Lebenschancen für alle unter den radikal veränderten Bedingungen demografischer Schrumpfung und wirtschaftlicher Globalisierung nach menschlichem Maß organisieren lassen – das wird in der Tat zur zentralen Frage demokratischer Politik. Völlig neue Verhältnisse erfordern völlig neue Ideen. Mein persönliches Ziel für die kommenden Jahre ist, dass das Land Brandenburg auf dem Weg in die demografische Zukunftsfähigkeit zum Vorbild und Vorreiter in Deutschland wird. Das Ziel ist ehrgeizig, der Weg wird beschwerlich. Doch gar nicht so nicht selten liegt das größte Glück darin, schwierige Aufgaben beherzt anzupacken. Und genau das sollten wir deshalb tun.

Literatur

Ulrich Deupmann, *Die Macht der Kinder*, Frankfurt am Main: S. Fischer Verlag 2005
Zitat Klaus von Dohnanyi, in: Stefan Aust, Claus Richter und Gabor Steingart (Hrsg.), *Der Fall Deutschland: Abstieg eines Superstars,* München: Piper Verlag 2005
Franz-Xaver Kaufmann, Schrumpfende Gesellschaft: Vom Bevölkerungsrückgang und seinen Folgen, Frankfurt am Main: Suhrkamp 2005
Stefan Kröhnert, Nienke van Olst und Reiner Klingholz, Deutschland 2020: *Die demografische Zukunft der Nation,* Berlin: Berlin-Institut für Weltbevölkerung und globale Entwicklung 2004
Richard Layard, Die glückliche Gesellschaft: Kurswechsel für Politik und Wirtschaft, Frankfurt am Main und New York: Campus Verlag 2005
Elisabeth Niejahr, Alt sind nur die anderen: So werden wir leben, lieben und arbeiten, Frankfurt am Main: S. Fischer Verlag 2004

Autorenverzeichnis

Kerstin Griese
Kerstin Griese, MdB, geb. 1967, Studium der Geschichte und der Politikwissenschaft an der Heinrich-Heine-Universität Düsseldorf, Bundestagsabgeordnete für den Wahlkreis Niederberg/Ratingen, Vorsitzende des Ausschusses für Familie, Senioren, Frauen und Jugend, Sprecherin des Netzwerks Berlin und Mitherausgeberin der Berliner Republik.

Prof. Dr. Hartmut Häußermann
Prof. Dr. Hartmut Häußermann, geb. 1943, Diplom-Soziologe, ist seit 1993 ist er Professor für Stadt- und Regionalsoziologie an der Humboldt-Universität zu Berlin, seit 2005 Mitbegründer und Sprecher des Georg-Simmel-Zentrums für Metropolenforschung an der Humboldt-Universität zu Berlin.

Hubertus Heil
Hubertus Heil, MdB, geb. 1972, Studium der Politikwissenschaften Universität Potsdam und Fernuniversität Hagen. Mitglied des Deutschen Bundestages für den Wahlkreis Gifhorn/Peine seit 1998. Mitglied im Ausschuss für Wirtschaft und Arbeit des Deutschen Bundestages Sprecher des Netzwerks Berlin und Mitherausgeber der Berliner Republik.

Prof. Dr. Rolf G. Heinze
Prof. Dr. Rolf G. Heinze, geb. 1951, ist seit 1988 Lehrstuhlinhaber für Allgemeine Soziologie und Arbeits- und Wirtschaftssoziologie an der Ruhr-Universität Bochum; seit 1994 geschäftsführender Wissenschaftlicher Direktor des Instituts für Wohnungswesen, Immobilienwirtschaft, Stadt- und Regionalentwicklung (InWIS GmbH) an der Ruhr-Universität Bochum, seit 2003 Mitglied der Expertenkommission zu "Wirtschaftliche Potentiale des Alters".

PD Dr. Josef Hilbert
PD Dr. Josef Hilbert, geb. 1954, Diplomsoziologe, ist Privatdozent an der Universität Duisburg-Essen; seit 1989 ist er im Institut Arbeit und Technik des Wissenschaftszentrums NRW tätig. Seit 2003 ist er als Forschungsdirektor für den Schwerpunktbereich Gesundheitswirtschaft und Lebensqualität verantwortlich. Besondere Forschungs- und Arbeitsschwerpunkte von Dr. Josef Hilbert sind: der Strukturwandel und die Strukturpolitik in NRW, die berufliche Bildung und

Weiterbildung, Entwicklungstrends im Dienstleistungssektor, die Gesundheitswirtschaft und die wirtschaftlichen Konsequenzen des Alterns der Gesellschaft.

Prof. Dr. Martin Kronauer
Prof. Dr. Martin Kronauer, geb. 1949, ist Professor für Strukturwandel und Wohlfahrtsstaat in der internationalen Perspektive und seit 2002 Professor an der Fachhochschule Berlin. Er ist Experte für Wandel der Sozialstruktur und sozialen Ungleichheit, Umbrüche am Arbeitsmarkt und in der Erwerbsarbeit, Arbeitslosigkeit, sozial-räumliche Veränderungen in Großstädten, wohlfahrtsstaatliche Entwicklungen im internationalen Vergleich.

Prof. Dr. Karl Lauterbach
Prof. Dr. Karl W. Lauterbach, geb. 1963, ist Direktor vom Institut für Gesundheitsökonomie und Klinische Epidemiologie der Universität zu Köln, Experte für Telemedizin und Mitglied der Rürup-Kommission.

Matthias Platzeck
Matthias Platzeck, geb. 1953, war zwischen 1998-2002 Oberbürgermeister der Stadt Potsdam, seit 2000 Landesvorsitzender der SPD Brandenburg und seit 2002 Ministerpräsident des Landes Brandenburg.

PD Dr. Wolfgang Schröder
PD Dr. Wolfgang Schröder, Lehre an der Johann Wolfgang Goethe-Universität in Frankfurt a. M., Fachbereich Erziehungswissenschaften; Schwerpunkte: Vergleichende Politikwissenschaften, Politisches System, Policy-Forschung, Sozialpolitik, Staat und Verbände, Parteien, Europa und Industrielle Beziehungen.

Juliane Seifert
Juliane Seifert, geb. 1978, Studium der Geschichte und Politikwissenschaft in Düsseldorf, Florenz und Berlin, zurzeit freie Mitarbeiterin der Friedrich-Ebert-Stiftung in Sarajevo.

Dr. Ralf Stegner
Dr. Ralf Stegner, geb. 1959, ist Mitglied des Landtages in Schleswig-Holstein; Studium der Politikwissenschaft, Geschichte und Deutsch an der Universität Freiburg; 1996 Staatssekretär im Ministerium für Arbeit, Soziales, Jugend und Gesundheit; 1998/03 Staatssekretär im Ministerium für Bildung, Wissenschaft, Forschung und Kultur des Landes Schleswig-Holstein.

Dr. med Stepanie Stock
Dr. med Stepanie Stock ist Gesundheitsökonomin und als wissenschaftliche Mitarbeiterin am Institut für Gesundheitsökonomie und Epidemiologie der Universität zu Köln tätig.

Dr. Christoph Strünck
Dr. Christoph Strünck, geb. 1970, ist Privatdozent für Politikwissenschaft und vertritt eine Professur an der Universität Duisburg-Essen. Seine Arbeitsschwerpunkte sind: Vergleichende Politikwissenschaft, Sozialpolitik, Interessengruppen und politische Organisationen

Harald Schrapers
Harald Schrapers, geb. 1964, Studium der Politikwissenschaft in Duisburg, ist Pressesprecher, Web-Master und stellvertretender Leiter des Bürgerbüros von Kerstin Griese. Außerdem ist er Experte für familien- und sozialpolitische Grundsatzfragen und Mitglied des Redaktionsbeirates der Berliner Republik.

Prof. Dr. Gert G. Wagner
Prof. Dr. Gert G. Wagner, geb. 1953, ist Lehrstuhlinhaber für "Empirische Wirtschaftsforschung und Wirtschaftspolitik" an der TU Berlin, Leiter der Längsschnittstudie SOEP und Forschungsdirektor am DIW Berlin, Vorsitzender des "Rats für Sozial- und Wirtschaftsdaten", Mitglied des Wissenschaftsrats und des "Statistischen Beirats", seit 2005 Mitglied der Steering Group on Social Sciences and Humanities des "European Strategy Forum for Research Infrastructures" (ESFRI), Mitglied im Beirat der British Household Panel Study (BHPS).

Prof. Dr. E. Jürgen Zöllner
Prof. Dr. Jürgen Zöllner, geb. 1945, ist Minister für Wissenschaft, Weiterbildung, Forschung und Kultur des Landes Rheinland-Pfalz, Staatsminister des Landes Rheinland-Pfalz, Mitglied des Bundesrates für das Land Rheinland-Pfalz, Mitglied des Ausschusses für Kulturfragen und Mitglied des Ausschusses für Verteidigung.

Neu im Programm Politikwissenschaft

Kay Möller
Die Außenpolitik der Volksrepublik China 1949 - 2004
Eine Einführung
2005. 280 S. Studienbücher Außenpolitik und Internationale Beziehungen.
Br. EUR 22,90
ISBN 3-531-14120-1

Chinas Außenpolitik war in der Ära Mao Zedong (1949-1976) mit Unabhängigkeit und Sicherheit von zwei widersprüchlichen Grundsätzen geprägt, ein Linienstreit, der in den 60er Jahren zum Bruch mit Moskau und 1972 zu einer spektakulären Annäherung an die USA führte.

Deng Xiaoping versuchte ab 1978, diesen Widerspruch mit einem Bekenntnis zu Interdependenz und wirtschaftlicher Öffnung aufzulösen, aber auch Dengs Reform wurde in den Dienst einer langfristigen nationalen Agenda gestellt, die die internationale Manövriermarge der Volksrepublik vergrößern sollte.

Auch 2004 ist Peking weder mit seinem engeren Umfeld zufrieden, in dem viele Akteure unausgesprochen oder offen gegen eine „chinesische Gefahr" rüsten, noch mit einer von den USA dominierten Welt. Sichtbarster Ausdruck der unterstellten Beeinträchtigung des eigenen Großmachtanspruchs ist die anhaltende, unabhängige Existenz der „abtrünnigen Provinz" Taiwan.

Erhältlich im Buchhandel oder beim Verlag. Änderungen vorbehalten. Stand: Juli 2005.

Dieter Nohlen / Andreas Hildenbrand
Spanien
Wirtschaft – Gesellschaft – Politik.
Ein Studienbuch
2., erw. Aufl. 2005. 380 S. mit 56 Tab.
Br. EUR 29,90
ISBN 3-531-30754-1

Diese bewährte Gesamtdarstellung zu Politik, Gesellschaft und Wirtschaft in Spanien liegt in vollkommen überarbeiteter und aktualisierter Auflage vor. Wer Informationen zu einem der wichtigsten EU-Länder braucht, greift zu diesem Buch.

Klaus Schubert (Hrsg.)
Handwörterbuch des ökonomischen Systems der Bundesrepublik Deutschland
2005. 516 S. Br. EUR 36,90
ISBN 3-8100-3588-2

Geb. EUR 49,90
ISBN 3-8100-3646-3

Das Buch ist ein zuverlässiges Nachschlagewerk für alle, die sich in Beruf oder Studium rasch einen Überblick über Grundlagen und Grundstrukturen des deutschen Wirtschaftssystems verschaffen wollen. Die Wirtschaft und die Wirtschaftspolitik Deutschlands dienen dabei als Referenzpunkte zur Beschreibung und Erklärung ökonomischer Zusammenhänge auf nationaler, europäischer und globaler Ebene. Dies wird ergänzt durch wichtige Statistiken und Grafiken.

www.vs-verlag.de

VS VERLAG FÜR SOZIALWISSENSCHAFTEN

Abraham-Lincoln-Straße 46
65189 Wiesbaden
Tel. 0611.7878-722
Fax 0611.7878-400

Neu im Programm Politikwissenschaft

Jürgen W. Falter / Harald Schoen (Hrsg.)
Handbuch Wahlforschung
2005. XXVI, 826 S. Geb. EUR 49,90
ISBN 3-531-13220-2

Die Bedeutung von Wahlen in einer Demokratie liegt auf der Hand. Deshalb ist die Wahlforschung einer der wichtigsten Forschungszweige in der Politikwissenschaft. In diesem Handbuch wird eine umfassende Darstellung der Wahlforschung, ihrer Grundlagen, Methoden, Fragestellungen und Gegenstände geboten.

Peter Becker / Olaf Leiße
Die Zukunft Europas
Der Konvent zur Zukunft der Europäischen Union
2005. 301 S. Br. EUR 26,90
ISBN 3-531-14100-7

Dieses Buch gibt auf knappem Raum einen Überblick zur Arbeit des „Konvents zur Zukunft der Europäischen Union", zu Anlass und Organisation des Konvents, zu seinen wichtigsten Themen und Ergebnissen. Ebenso werden die wichtigen Konferenzen und Entscheidungen nach Abschluss des Konvents in die Darstellung einbezogen.

Bernhard Schreyer / Manfred Schwarzmeier
Grundkurs Politikwissenschaft: Studium der Politischen Systeme
Eine studienorientierte Einführung
2. Aufl. 2005. 243 S. Br. EUR 17,90
ISBN 3-531-33481-6

Konzipiert als studienorientierte Einführung, richtet sich der „Grundkurs Politikwissenschaft: Studium der politischen Systeme" in erster Linie an die Zielgruppe der Studienanfänger. Auf der Grundlage eines politikwissenschaftlichen Systemmodells werden alle wichtigen Bereiche eines politischen Systems dargestellt.

Dabei orientiert sich die Gliederung der einzelnen Punkte an folgenden didaktisch aufbereiteten Kriterien: Definition der zentralen Begriffe, Funktionen der Strukturprinzipen und der Akteure, Variablen zu deren Typologisierung, Ausgewählte Problemfelder, Entwicklungstendenzen, Stellung im politischen System, Kontrollfragen, Informationshinweise zur Einführung (kurz kommentierte Einführungsliteratur, Fachzeitschriften, Internet-Adressen).

Im Anhang werden die wichtigsten Begriffe in einem Glossar zusammengestellt. Ein Sach- und Personenregister sowie ein ausführliches allgemeines Literaturverzeichnis runden das Werk ab.

Erhältlich im Buchhandel oder beim Verlag.
Änderungen vorbehalten. Stand: Juli 2005.

www.vs-verlag.de

VS VERLAG FÜR SOZIALWISSENSCHAFTEN

Abraham-Lincoln-Straße 46
65189 Wiesbaden
Tel. 0611.7878-722
Fax 0611.7878-400